中国科学院规划教材·经济管理类实训教程系列

企业运营模拟与竞争实训教程

主　编：张　莉　章刘成
副主编：尹　龙　谢红燕

科学出版社
北京

内 容 简 介

本实训教程以 Top-Boss 软件为企业运营教学模拟平台和工具，强调以理论知识为基础、以实践操作为中心、以能力提高为目标的课程设计理念。本书分为上、中、下三篇，共十三章。上篇为理论篇，主要介绍与现代企业管理有关的基本知识和理论，包括第一到第五章；中篇为实践篇，主要以 Top-Boss 软件为教学模拟平台详细介绍企业运营的整个过程，包括第六到第九章；下篇为提高篇，主要介绍 Top-Boss 运营过程中常见的问题及运营策略等，包括第十到第十三章。

本书可作为高等院校经济管理类本科专业实训课程教材，也可作为企业管理人员的培训教材和参考资料。

图书在版编目（CIP）数据

企业运营模拟与竞争实训教程 / 张莉，章刘成主编. —北京：科学出版社，2014

中国科学院规划教材·经济管理类实训教程系列

ISBN 978-7-03-039711-9

Ⅰ. ①企… Ⅱ. ①张…②章… Ⅲ. ①企业管理－高等学校－教材 Ⅳ. ①F270

中国版本图书馆 CIP 数据核字（2014）第 021436 号

责任编辑：兰　鹏 / 责任校对：王艳利
责任印制：阎　磊 / 封面设计：蓝正设计

科 学 出 版 社 出版

北京东黄城根北街 16 号
邮政编码：100717
http://www.sciencep.com

铭浩彩色印装有限公司 印刷

科学出版社发行　各地新华书店经销

*

2014 年 2 月第 一 版　开本：787×1092　1/16
2014 年 2 月第一次印刷　印张：10
字数：237 000

定价：25.00 元

（如有印装质量问题，我社负责调换）

中国科学院规划教材·经济管理类实训教程系列

编 委 会

前　言

随着全球经济一体化进程的加快，我国企业将面临前所未有的市场竞争。企业应如何应对来自国内外同行企业的挑战，如何确立前瞻性企业战略及制定适应市场的有效决策，如何训练高层管理者快速有效地制定企业发展战略，使企业在竞争日益激烈的国际商战中成功出牌，是摆在企业面前亟待解决的重大问题。近年来，现代管理科学大量运用计算机仿真技术将企业实务中复杂多变的环境和问题尽可能量化，然后建立起这些变量之间的因果关系，希望能通过这些变化来仿真经营环境及竞争对手的反应，用以预测未来可能发生的结果，并通过团队合作来找出企业的应对之道。这样的系统被称为企业运营模拟系统。

企业运营模拟系统（top-business operating simulation system，Top-Boss）起源于20世纪70年代的欧洲，就是以现实案例和统计数据为依据，按照管理学和经济学理论建立一个计算机动态模型，来模拟现实企业的市场竞争活动。在企业运营教学模拟平台中，学生可以扮演虚拟企业的总经理、企划、生产、采购、市场营销以及财务等部门的高级管理人员，根据现代企业管理知识，与其他参加者经营的虚拟公司展开激烈竞争，对所经营的虚拟公司的每个季度经营做出一系列决策。决策涉及企业经营的各个方面，同时还穿插着战略管理、财务管理、市场营销、采购管理等众多学科的知识，以最大限度地模拟一个公司在市场竞争环境下的真实运作状况。

本实训教程以 Top-Boss 软件为企业运营教学模拟平台和工具，强调以理论知识为基础、以实践操作为中心、以能力提高为目标的课程设计理念。本书分为上、中、下三篇，共十三章。上篇为理论篇，主要介绍与现代企业管理有关的基本知识和理论，包括第一到第五章；中篇为实践篇，主要以 Top-Boss 软件为教学模拟平台详细介绍企业运营的整个过程，包括第六到第九章；下篇为提高篇，主要介绍 Top-Boss 运营过程中常见的问题及运营策略等，包括第十到第十三章。本书可作为高等院校经济管理类本科专业实训课程教材，也可作为企业管理人员的培训教材和参考资料。

本书由张莉、章刘成担任主编，尹龙、谢红燕担任副主编，陈寅平、张祺（哈尔滨远东理工学院）参与编写。

由于作者水平有限，书中难免有疏漏之处，恳请广大读者批评指正。

编者
2014 年 1 月

目　录

下篇：提高篇

上 篇

理论篇

第一章

企业管理概述

企业管理(business management)是对企业的生产经营活动进行组织、计划、指挥、监督和调节等一系列职能的总称。

第一节 企业的概念及法律形式

一、企业及其属性

(一)企业的定义

企业是指以营利为目的，从事独立的商品生产或商品流通等经营活动的组织。它是现代社会的一个经济细胞，是生产社会化和商品经济的产物。

(二)基本属性

(1)经济性。经济性是企业作为从事经济性活动的组织的首要特性。

(2)独立性。企业以营利为目的，但并非一切以营利为目的的经济组织都是企业，企业必须独立核算、自主经营、自负盈亏。

二、企业的法律形式

企业有着各种不同的具体形态，主要包括个人业主制企业、合伙制企业和公司制企业三种最基本的形式。

(一)个人业主制企业

从企业组织的历史发展过程来看，在个人业主制企业、合伙制企业和公司制企业这三种基本企业形式中，个人业主制企业是最早出现的。

个人业主制企业，又称独资企业或个人企业，是指由个人出资兴办，并归个人所有和控制的企业。在个人业主制企业中，自然人的财产与企业财产是合一的。自然人既是所有者主体，也是经营管理主体。在早期，有的业主还是劳动主体，公司往往由企业主亲自指挥生产、组织营销，并直接对生产工人和其他雇员实行监督，包括分派工作、指导生产、确定报酬和解雇人员。个人业主制企业是一种最古老、最简单的企业形式。在现代经济生活中，虽然大企业唱主角，但在企业数量上个人业主制企业仍占大多数。美国企业总数的70%是个人业主制企业，近年来我国大量涌现的私营企业大多为个人业主制企业。

个人业主制企业具有诸多优点，包括：①企业是业主个人出资兴办，建立与歇业的程序简单易行；②所有者的利益与经营者的利益是完全一致的，企业主有充分的积极性去参与生产经营过程；③经营方式灵活，决策迅速；④产权能够较为自由地转让；⑤企业经营信息的保密性强。

个人业主制企业的缺点是：①无限的责任。在个人业主制企业中，企业主以其个人财产对企业的营运和发生的债务负有完全责任。如果企业经营失败，出现资不抵债的情况，企业主要用他的全部财产，包括其家庭财产，承担债务清偿责任。②有限的规模。企业主只有一人，因而财力有限，加之受偿债能力的限制，取得贷款的能力较差，所以难以经营需要大量投资的事业。③企业的寿命有限。企业的存在完全取决于企业主，一旦企业主终止经营，如市场竞争失败或自然死亡(除非有子女继承)，企业生命也会由此终止。由于企业主本人与企业共生共灭，这种企业常常被看做"出生率最高，死亡率也最高"。

个人业主制企业由于规模较小，在小型加工、零售商业、服务业等领域较为活跃。当个人业主制企业需要扩大规模时，企业主之间便会出现"合伙"的情况。

（二）合伙制企业

合伙制企业，也称合伙企业，是由两个或两个以上业主共同出资，合伙经营，共同对企业债务负连带无限清偿责任的企业。合伙制是生产力发展的客观要求。由于生产规模的扩大，个别自然人拥有的资本量已不足以支配整个生产过程和承担经营风险，在这种情况下，企业的投资主体开始多元化，个体自然人以合伙的方式组建生产单位，采取合伙企业形式。

合伙制企业是若干自然人的协作，他们通过协议合同来规范各自的权责利，经营的决策、运作的管理、收益的分享比例取决于合伙人共同达成的协议，企业经营风险由合伙人全体共同承担。

合伙制企业具有诸多优点，包括：①扩大了资金来源和信用能力。与独资的个人业主制企业相比，合伙制企业由众多合伙人共筹资金，所以资本规模扩大了，也由于合伙人共同承担债务，所以减少了债权人的风险，提高了信用能力。②提高了经营水平与决策能力。合伙人对企业盈亏负有完全责任，因而必然尽心尽责。合伙制企业主的人数多，能在更大范围内发现和选择更强的经营者，或至少是可以在若干合伙人之间进行选择。合伙人集思广益，其经营水平与决策能力自然会优于个人业主制企业。③组建较为简单和容易。任何两个或两个以上的人都可以在一起组成合伙制企业，合伙伙伴通过口头协议或规范的合伙协议同意共同出资，并按一定的出资比例分享利润、分摊相应的亏损和债务。

合伙制企业的缺点是：①合伙人承担无限连带责任。当合伙企业亏损倒闭时，所有合伙人都必须以他们的全部财产，包括每人的家庭财产，承担连带无限责任，使合伙人面临相当大的风险。面对如此的风险，愿意加入合伙者队伍的人必然是有限的。这就是历史上合伙制企业形式很早出现却难以扩张和发展的原因。②稳定性差。合伙制企业是依据合伙人之间的协议建立起来的，每当退出或死亡一位合伙人、接纳一位合伙人，都必须重新谈判并建立一种全新的合伙关系。而谈判与新型人际关系的建立都很复杂，因而在新旧合伙人更迭时很容易使企业夭折。③易造成决策上的延误。合伙制企业的所有合伙人都有权代表企业从事经营活动，重大决策须所有合伙人参加，如果意见分歧，很容易造成决策上的延误，影响企业的有效经营。

总的来看，由于合伙制企业的上述缺陷，其数量不如个人业主制企业和公司制企业多，如在美国全部企业中合伙制企业仅占7％左右。合伙制企业一般局限于农业、零售商业这类小型私人企业，多存在于类似自由职业者的企业，如律师事务所、广告事务所、会计师事务所和私人诊所等。因而，合伙制企业一般也是小规模的组织。

无论是个人业主制还是合伙制，都有一个共同的特点，即企业不具有法人资格。企业是其所有人的延伸，在法律上，无法同成立它们的作为自然人的所有者分开，出资者即企业主，法律责任、债务清偿要由业主自己的家庭财产承担。因而，一般把这两类企业统称为自然人企业。

（三）公司制企业

公司制企业是典型的法人企业，企业拥有法人资格和法人财产权。公司制企业最明显的特征是：所有者、经营者和生产者之间通过公司的权力机构、决策和管理机构、监督机构形成各自独立、责任分明、相互制约的关系，并通过法律和公司章程得以确立和实现。

公司制企业也称公司，从严格的法律角度来说，是指依法设立并以营利为目的的具有法人资格的经济组织。公司制企业是现代企业中最重要、较普遍的一种企业类型。其主要包括无限责任公司、有限责任公司、股份有限公司、两合公司四种形式，我国公司法规定的公司只有有限责任公司和股份有限公司两种。

（1）无限责任公司。无限责任公司是指由两个以上的股东组成，股东对公司的债务承担连带无限清偿责任的公司。所谓连带无限清偿责任是指股东不论出资多少，对公司债权人以全部个人财产承担共同或单独清偿全部债务的责任。它是典型的人合公司，这种公司风险巨大，是一种早期的公司形式。

（2）有限责任公司。有限责任公司是指由两个以上股东共同出资，每个股东以其认缴的出资额对公司行为承担有限责任，公司以其全部资产对其债务承担责任的企业法人。它本质上是一种资合公司，它与无限责任公司的区别是只承担有限责任，而不负连带无限清偿责任，它与股份有限公司的区别是并不对外公开发行股票。

国有独资公司是指国家授权投资的机构单独出资设立的有限责任公司。它是一种特殊的有限责任公司，因为它的股东只有一个，即由国家授权投资的机构单独开办。除此以外，它具备一般有限责任公司的一切特征，并享有有限责任公司应有的权利和义务。

（3）股份有限公司。股份有限公司是指注册资本由等额股份构成，并通过发行股票筹集资本，公司以其全部资产对公司债务承担有限责任的企业法人。它是典型的资合公司，在法律上具有独立的法人地位。

股份有限公司的特点包括两个方面：一是对公司债务只承担有限责任；二是公开发行股票，股东权益随股票的转移而转移(股票是流动的，可以买卖)。股份有限公司是现代企业最主要，也是最典型的组织形式。

(4)两合公司。两合公司是由负无限责任的股东和负有限责任的股东组成的公司。

公司制企业与个人业主制企业及合伙企业比较起来，具有许多突出的优点，包括：①有限责任。出资人只以自己的出资额为限、公司以其现有的资产为限对债务和亏损负有限责任，这就大大减小了投资者的投资风险。②筹资方便。有限责任的重要意义不仅在于投资于企业的风险有限，使人们愿意为企业提供资本，还在于分散的投资风险也使企业易于筹资。因此，有限责任制使公司能广泛地筹措社会上分散的闲置资金，在很短的时间内创办起大规模的企业，提高企业的规模效益。③企业的管理水平高。随着公司规模的扩大，公司制企业实现了所有权与经营权的分离，公司股东一般不再直接参与经营管理活动，而是聘请受过专门训练的各方面专家来管理企业，他们知识渊博、经验丰富，因而能够实现有效的管理。同时，通过大公司的管理实践活动，还有助于培养卓越的企业管理专家。④所有权转移方便。公司有一套规范、严密而灵活的产权转让机制。上市公司的股票可以很容易通过股票交易市场进行购买或出售，非上市公司的股权转移和股权认购也较便利快捷。公司股份可以自由转让，使企业管理者受到来自股票市场的监督和评价，这也是保护股东权益的重要机制。

公司制企业的缺点是：①组建程序复杂，费用较高。公司的设立必须依据公司法的要求，如最低法定资本金等，还要遵守一系列严格的法律程序，因此组建程序复杂，创办周期较长，费用也较高。②政府对公司的限制较多。对公司的开办、股票的上市、产权的转让、合并与分立、破产与终止、公司的财务管理制度、各项报告与记录等，政府都制定有一整套相应的法律法规，并有权进行检查和监督，公司必须依法办事，不得违反。③保密性较差。各国公司法都规定，公司经营必须有透明度，要定期公布财务状况，定期向股东大会报告经营情况，并自觉接受来自各方面的监督和检查。因此，公司在财务及股权方面的变动情况是几乎无密可保的，公司是一个公开、公众性的企业。

■第二节　现代企业制度的内涵及特征

一、现代企业制度

(一)现代企业制度的定义

现代企业制度是指以公司制度为主要表现形式，体现着法人实体和市场竞争主体要求的企业体制，是适应社会化大生产和市场经济要求的产权明晰、权责明确、政企分开、管理科学的企业制度。

(二)现代企业制度的特征

(1)产权明晰。企业资产的所有权属于出资者，企业中的国有资产所有权属于国家。企业拥有出资者投资形成的全部法人财产权，成为享有民事权利、承担民事责任的法人实体。作为独立的法人，企业以其全部法人财产，依法自主经营、自负盈亏、照章纳税，对出资者承担资产保值增值的责任。现代企业制度产权明晰的实质是出资者所有权与企业法人财产权的分离。

（2）权责明确。企业的权利是运用全部法人财产依法自主经营、自负盈亏、自我发展，具有独立的法人地位。企业的责任是一种有限责任，对于国家来说要照章纳税，对于出资者来说要保值增值。

（3）政企分开。首先是政资分开，即政府的行政管理职能与国有资产的所有权职能分开；其次是在政府所有权职能中，资产的管理职能和资产的营运职能分开；最后是在资产营运职能中，资本金的经营和财产的经营分开。

（4）管理科学。管理科学的具体内容包括企业要建立科学的管理制度与企业组织结构；企业的权力机构、监督机构、决策与执行机构之间相互独立、权责明确并相互制约。

二、现代企业制度内容

现代企业制度主要包括现代企业法人制度、现代企业组织制度和现代企业管理制度三个方面的内容。

（一）现代企业法人制度

现代企业法人制度的实质是企业拥有独立的法人财产权，并据此享有民事权利，承担民事责任，实现企业民事权利能力和行为能力的统一，在市场中形成千万个能够自负盈亏的法人实体。

确立法人财产权，需要理顺产权关系，实行出资者所有权与法人财产权的分离。确立法人财产权，即由资产实物形态的管理转变为资产价值形态的管理。企业拥有法人财产权，通过建立资本金制度和资产经营责任制，使自负盈亏的责任落实到企业。

（二）现代企业组织制度

按照市场经济的要求，现代企业的组织形式不应以所有制性质划分，而是按照财产的组织形式和所承担法律责任划分。国际上通常分为独资企业、合伙企业、公司企业。公司企业是现代企业中的一种重要形式，它有效地实现了出资者所有权和法人财产权的分离，具有资金筹集广泛、投资风险有限、组织制度科学等特点，在现代企业组织形式中具有典型性和代表性。

现代企业组织体制是由股东代表大会、董事会、经理人和监事会共同组成的法人治理结构。股东大会是公司的最高权力机构；董事会是公司的经营决策机构；公司的总经理负责公司的日常经营管理活动，对公司的生产经营活动进行全面领导；监事会是公司的监督机构。另外，在企业中还有党组织和工会。

（三）现代企业管理制度

科学的企业管理制度是现代企业制度的重要内容，重点是对企业机构设置、用工制度、工资制度和财务会计制度等进行改革，建立严格的责任制度体系。

（1）建立合理的企业机构。企业机构的设置，应根据其生产经营特点和市场竞争的需要，按照责任明确、结构合理、人员精干、权利与责任对等原则，由企业自主决定。重点强化产品开发、质量、营销、财务和信息等管理系统，提高决策水平、企业素质和经济效益。

(2)建立现代企业用工制度。建立和完善社会保障体系和劳动力市场，形成用人单位和劳动者双向选择、合理流动的就业机制。

(3)建立现代企业工资制度。

(4)建立现代企业财务会计制度。

(5)加强职工队伍建设和企业文化建设。

第三节　企业管理的概念、职能及任务

一、企业管理的概念和内容

(一)企业管理的概念

企业管理是指由企业的管理者按照客观规律的要求，对企业的生产经营活动进行计划、组织、指挥、协调、控制，以实现企业经营目标的过程。

(二)企业管理的内容

企业管理的内容，也可称为企业管理的对象，主要包括营销管理、生产管理、物资供应管理、财务管理、人力资源管理五个方面。

(1)营销管理，即为了实现企业目标，建立和保持与目标市场之间的互利交换关系，而对营销方案进行的分析、规划、实施和控制。

(2)生产管理，即通过生产组织、生产计划、生产控制等手段对生产系统的设置和运行进行管理。

(3)物资供应管理，即企业对有计划的采购、供应、保管、节约使用和综合利用企业所需的各种生产资料等进行管理。

(4)财务管理，即管理企业的财务活动，对固定资金、流动资金、专用基金、盈利等的形成、分配和使用进行管理。

(5)人力资源管理，即对企业经济活动中各个环节和各个方面的劳动和人事进行全面计划、统一组织、系统控制、灵活调节。

二、企业管理的职能

企业管理的职能是指企业管理工作在企业的运作中本身所具有的功能或应起到的作用。现代企业管理的职能主要有计划职能、组织职能、领导职能、控制职能等。

三、企业管理的任务

企业管理的任务主要表现在以下三个方面：

(1)谋求良好的绩效。企业的管理必须始终把经济上的成就放在首位，每一项决策

和行动都如此。企业只有通过自己在经济上的成果才能证明自身有存在的必要。

（2）创设良好的企业环境，使工作富有活力并使职工有成就感。企业只有一项真正的能动资源——人，企业通过富有活力的人力资源来完成它的任务，企业通过员工完成工作来取得成就。因此，使工作富有活力是企业管理的重要任务。

（3）履行社会责任。企业是一个开放的动态系统，其生存和发展必然与其利益相关者密不可分。承担社会责任或许会使企业的短期利益受到损害，但换来的是比所损害的短期利益更多的长期利益，可见企业的社会责任行为与其利润取向相容。

第二章

企业战略管理

■ 第一节　企业战略及战略管理的概念

一、企业战略的含义与层次

(一)战略的含义

英文中，战略"strategy"一词来源于希腊语"strategos"，其含义是将军。到了中世纪，这个词演变为军事术语，是指对战争全局的筹划和谋略。除军事领域之外，战略同样适用于政治、经济等领域。后来演变为泛指重大的、全局性的、左右胜败的谋划。将战略思想运用于企业经营管理之中，便产生了企业战略这一概念。

(二)企业战略的定义

企业战略的概念来源于企业生产经营活动的实践。不同的管理学家或实践者由于自身的管理经历和对管理的认识不同，对企业战略给予了不同的定义，本书采用的是现代被普遍接受的概念。加拿大麦吉尔大学教授明茨伯格把战略定义为一系列行为方式的组合，他创立了企业战略的5P's模式，即用计划、计策、模式、定位、观念来对企业战略进行描述。

(1)战略是一种计划。战略是一种有意识的、有预计的行动程序。战略具有两个本质属性：一是战略是在企业发生经营活动之前制定的，以备人们使用；二是战略是有意识、有目的地开发的。

(2)战略是一种计策。在特定的环境下，企业把战略作为威慑和战胜竞争对手的一种"手段"。

(3)战略是一种模式。战略可视为行动的结果，战略体现为一系列的行为。

(4)战略是一种定位。这种定位有两种含义：一是企业经营的领域选择，企业应该定位在一个有发展潜力的行业之中，而避免栖身于一个前景暗淡的行业；二是在行业中竞争地位的选择，依靠有意识地开发出来的竞争优势创造出有利的竞争地位。这种战略的定义，实际上强调企业的内部条件与外部环境的融洽。

（5）战略是一种观念。战略是一种观念的重要实质在于，战略的观念要通过组织成员的期望和行为而形成共享，该定义强调的是集体的意识。战略是企业高层头脑中的一种观念，通过组织成员的共享转化为其共同行为。

（三）企业战略的层次

大型企业战略是一个庞大复杂的系统，可以分解为不同层次的子系统。一般来讲，对于大型企业，企业战略包括三个层次：第一层次是公司级战略；第二层次是事业部级战略；第三层次是职能级战略。它们之间的关系如图 2-1 所示。

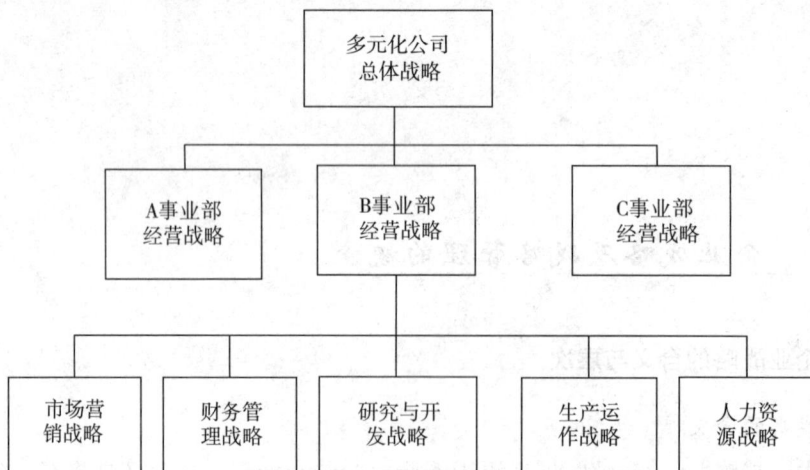

图 2-1　大型企业的战略管理系统

（1）公司级战略，又称企业总体战略，它主要决定企业从事哪些业务、重点发展哪些业务、企业的长期经营目标是什么、建立何种竞争优势、如何发挥这些优势、如何对达成目标所需资源进行分配等。它是战略体系的主体和基础，起着统领全局的作用。

（2）事业部级战略，又称经营战略、竞争战略，是企业某独立核算单位或具有相对独立的经营单位（如事业部）对自己的生存和发展做出的谋划。它把总公司战略中规定的目标、方向和意图具体化，形成本单位更加明确的目标和竞争战略方案。事业部级战略中最根本的就是产品-市场战略，即要确定具体占领哪些市场，在该市场中如何开展竞争并取得竞争优势。

（3）职能级战略，即在事业部级战略指导下，按专门职能将事业部的战略目标和方针进行落实和具体化，一般包括市场营销战略、生产运作战略、财务管理战略、研究与开发战略、人力资源战略等。它主要是确定在各自职能领域内如何形成特定的竞争优势，以确保公司总体战略及事业部级战略得以实现。总之，下一级战略是上一级战略的具体化和进一步展开，它要保证上一级和总战略目标的实现，但又要在上一级战略的指导下根据自身条件和要求确定本部门的目标和方案，所以，它有自己的相对独立性。

对于只经营单一业务的企业，如果规模不大，那么公司级与事业部级的战略就没有必要加以区别，只有公司级战略与职能级战略两个层次就可以。但是，如果企业的规模很大，产品销售覆盖较大的地区，企业也可以按地区划分事业部，从而形成公司级战略、事业部级战略和在各个事业部战略指导下的职能级战略三个层次的战略。

各级战略都要充分调动人、财、物、信息、时间等一切资源优势，同时把计划、组织、领导、控制等各种管理职能综合运用起来，形成企业的整体优势，以实现总公司的战略。

二、企业战略管理的概念

企业战略管理是指企业确定其使命，根据组织外部环境和内部条件设定企业的战略目标，为保证目标的正确落实和实现进行谋划，依靠企业内部能力将这种谋划和决策付诸实施以及在实施过程中进行控制的一个动态管理过程。

战略管理是一个全过程、全面的管理，它不仅涉及战略的制定和规划，也包含着将战略付诸实施的管理。战略管理不是静态的、一次性的管理，而是一种循环的、往复性的动态管理过程。

第二节　企业战略管理的过程

战略是计划的一种形式，但战略管理不仅仅是制定战略，战略管理是制定和实施战略的一系列管理决策与行动。一般认为，战略管理是由几个相互关联的阶段所组成的，这些阶段有一定的逻辑顺序，包含若干必要的环节，由此形成一个完整的体系。

一、确定企业使命

企业战略管理的第一个步骤是确定企业使命，即要明确企业当前的宗旨、目标和战略。这些指导企业目前行动的纲领性文件是战略分析的起点。企业使命是指企业在社会进步和社会、经济发展中应担当的角色和应承担的责任。企业使命包括两个方面的内容，即企业哲学和企业宗旨。

企业哲学是指企业在生产经营过程中所固守的价值观、信念、态度和行为准则，企业哲学具有相对的稳定性。企业宗旨是指企业现在和将来应从事什么样的事业活动，应成为什么性质的企业或组织类型，企业宗旨是随着企业的规模扩张、业务转型而适时调整的。

二、战略分析

战略分析的主要任务是对企业的战略形成有影响的关键因素进行分析，并根据企业目前的"位置"和发展机会来确定未来应该达到的目标。这个阶段的主要工作包括以下三个方面：

(1)外部环境分析。外部环境分析的目的就是要了解企业所处的战略环境，掌握各环境因素的变化规律和发展趋势，发现环境的变化将给企业的发展带来哪些机会和威胁，为制定战略打下良好的基础。

(2)内部条件分析。企业还要了解自身所处的相对地位，分析企业的资源和能力，明确企业内部条件的优势和劣势；企业需要了解不同的利益相关者对企业的期望，理解企业的文化,为制定战略打下良好的基础。

(3)重新评价企业的宗旨和目标。掌握了环境的机会和威胁,并且识别了自身的优势和劣势之后,企业需要重新评价企业的宗旨,必要时要对它做出修正,以使它更具有导向作用,进而确定下一步的战略目标。

三、战略选择

战略选择阶段的任务是决定达到战略目标的途径,为实现战略目标确定适当的战略方案。战略选择阶段的主要工作包括以下三个方面:

(1)产生战略方案。根据外部环境和企业内部条件、企业宗旨和目标,拟订出可供选择的几种战略方案。

(2)评价战略方案。评价战略方案通常使用两个标准:一是考虑选择的战略是否发挥了企业的优势、克服了劣势,是否利用了机会,或将威胁削弱到最低限度;二是考虑该战略能否被利益相关者所接受。需要指出的是,实际上并不存在最佳的选择标准,经理们和利益相关者的价值观和期望在很大程度上影响着战略的选择。此外,对战略的评估最终还要落实到战略收益、风险和可行性分析的财务指标上。

(3)最终选出可供执行的满意战略。

四、战略实施与控制

战略实施与控制过程就是把战略方案付诸行动,保持经营活动朝着既定战略目标与方向不断前进的过程。战略实施的关键在于其有效性。要保证战略的有效实施,首先要通过计划活动将企业的总体战略方案从空间上和时间上进行分解,形成企业各层次、各子系统的具体战略或策略、政策,在企业各部门之间分配资源,制订职能战略和计划,制订年度计划,分阶段、分步骤来贯彻和执行战略。为了实施新的战略,要设计与战略相一致的组织结构。这个组织结构应能保证战略任务、责任和决策权限在企业中的合理分配。一个新战略的实施对组织而言是一次重大的变革,变革总会有阻力,所以对变革的领导是很重要的。因此,培育支持战略实施的企业文化和激励系统非常关键。

战略实施的成功与否取决于管理者激励员工能力的大小和人际技能强弱。战略实施活动会影响到企业中的所有员工和管理者。每个部门都必须回答以下问题:为了实施企业战略中属于我们责任的部分,我们必须做什么?我们如何才能将工作做得更好?战略实施是对企业的一种挑战,它要求激励整个企业的管理者和员工以主人翁精神和热情为实现已明确的目标而努力工作。

战略控制是战略管理过程中的一个不可忽视的重要环节,它伴随战略实施的整个过程。建立控制系统是为了将每一阶段、每一层次、每一方面的战略实施结果与预期目标进行比较,以便及时发现偏差,适时采取措施进行调整,以确保战略方案的顺利实施。如果在战略实施过程中,企业外部环境或内部条件发生了重大变化,则控制系统会要求对原战略目标或方案做出相应的调整。

图2-2总结了上述战略管理过程。实际上,在实践中,各阶段并不是都按直线排列的。由于各项工作是直接联系的,很可能战略分析和战略决策重叠在一起,也可能评估

战略时就开始实施战略了。

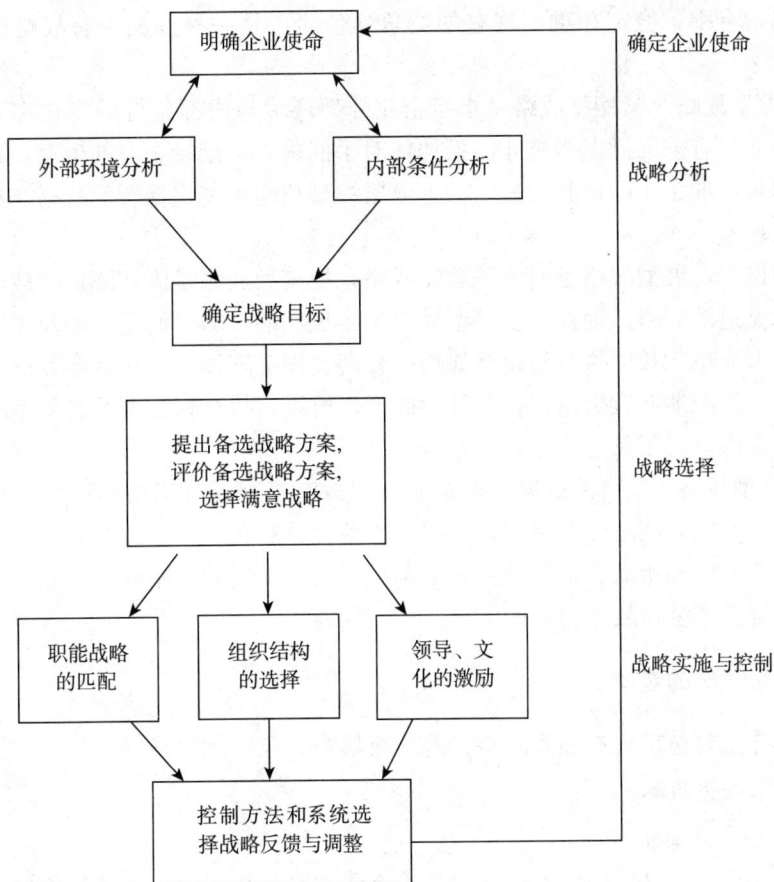

图 2-2 企业战略管理过程

第三节 现代企业战略选择

企业战略具体包括公司级战略、事业部级战略（竞争战略）和职能级战略三个层次。本书将重点介绍的是公司级战略和事业部级战略（竞争战略）的选择。

一、公司级战略的选择

公司级战略按战略态势的不同可分为发展型战略、稳定型战略、紧缩型战略和复合型战略四种。

（1）发展型战略。发展型战略强调的是如何充分利用外界环境中的机会，避开威胁，充分发掘和运用企业内部的资源，以求得企业的发展。其特点是：投入大量资源，扩大产销规模，提高竞争地位，提高现有产品的市场占有率或用新产品开辟新市场。这是一种从战略起点向更高水平、更大规模发动进攻的战略态势。企业发展型战略主要包括密集型战略、多样化战略、一体化战略。

（2）稳定型战略。稳定型战略强调的是投入少量或中等程度的资源，保持现有产销规模和市场占有率，稳定和巩固现有的竞争地位，这是一种偏离现有战略起点最小的战略。

（3）紧缩型战略。紧缩型战略是指当企业外部环境与内部条件的变化都对企业十分不利时，企业只有采取撤退措施才能抵挡住对手的进攻，维持企业的生存，以便转移阵地或积蓄力量，准备东山再起的战略。企业紧缩型战略主要包括转变战略、撤退战略及清理战略三种。

通俗地讲，发展型战略是向前进攻的战略，稳定型战略是固守阵地的战略，紧缩型战略是向后撤退的战略。因此，发展型战略是个长期的战略，而稳定型及紧缩型战略是短期的调整型战略。长期执行稳定型战略，长期地固守阵地，企业就会萎缩。长期执行紧缩型战略，长期地向后撤退，企业就会破产。所以，执行稳定型及紧缩型战略的期限只能在一年以内，甚至只有几个月。

（4）复合型战略。复合型战略是对企业上述战略进行混合运用的一种战略，它是指在大型企业中有较多战略业务单位，这些业务单位分布在不同的行业或产业群中，它们所面临的外部环境和所需的资源条件完全不同，因此不同的战略业务单元会采用不同的战略，以保证整个公司战略目标的实现。

二、竞争战略的选择

竞争战略主要包括成本领先战略、差异化战略、集中化战略。

（一）成本领先战略

1. 成本领先战略的概念

成本领先战略，又称低成本战略，是指企业在提供相同的产品或服务时，其成本或费用明显低于行业平均水平或主要竞争对手水平的竞争战略。或者说，企业在一定时期内为用户创造价值的全部活动的累计总成本，低于行业平均水平或主要竞争对手的水平，并据此建立竞争优势的一种战略。

2. 成本领先战略的内容

成本领先战略是指企业通过实现规模经营、提高劳动生产率、强化管理、千方百计地降低和控制总成本，使自己在产业内平均总成本最低化，以创造和赢得竞争优势的战略。要实施成本领先战略，企业必须建立起高效、规模化的生产设施，全力以赴地降低成本，严格控制成本、管理费用及研发、服务、推销、广告等方面的成本费用。为了达到这些目标，企业需要在管理方面对成本给予高度的重视，保证总成本低于竞争对手。

（二）差异化战略

1. 差异化战略的概念

差异化战略，又称为别具一格战略。差异化战略是指千方百计地使自己有别于竞争者，凸显和形成鲜明的个性和特色，以创造和提升企业竞争优势的战略。它与成本领先战略形成鲜明对比，差异化战略总是强调企业与用户的密切关系，即通过向用户提供与众不同的产品或服务为用户创造价值。

在差异化战略的指导下，企业力求就客户广泛重视的一些方面在行业内独树一帜。它选择被行业内许多客户视为重要的一种或多种特质，并为其开发独特的属性以满足客户的要求，因企业为用户提供的产品具有独特的地位而获得溢价的报酬。

2. 差异化战略的内容

差异化战略是将公司提供的产品或服务差异化，树立起一些在全产业范围中具有独特性的东西。实现差异化战略可以有许多方式，例如，设计名牌形象，保持技术、性能特点、顾客服务、商业网络及其他方面的独特性，等等。最理想的状况是公司在几个方面都具有差异化的特点。但这一战略与提高市场份额的目标不可兼得，在建立公司的差异化战略的活动中总是伴随着很高的成本代价，有时即便全产业范围的顾客都了解公司的独特优点，也并不是所有顾客都愿意或有能力支付公司要求的高价格。

(三)集中化战略

1. 集中化战略的概念

集中化战略是指将经营重点集中在市场或产品的某一部分，在此特定市场或部分中独领风骚而成王者的竞争战略。

2. 集中化战略的内容

集中化战略具体包括两种类型，即低成本集中化战略和差异集中化战略。集中化战略的前提思想是：公司业务的专一化能够以较高的效率、更好的效果，为某一狭窄的战略对象服务，从而超过在较广阔范围内竞争的对手。公司或者通过满足特殊对象的需要而实现了差异化，或者在为这一对象服务时实现了低成本，或者二者兼得。这样的公司可以使其盈利的潜力超过产业的平均水平。

(四)企业竞争战略选择与竞争地位

每一种基本竞争战略在创造和保持一种竞争优势方面都有不同的条件与途径，它将企业寻求竞争优势的类型和战略目标结合起来。通常，企业必须在几种战略之间做出选择，否则就会陷入夹在中间的困境。那些致力于每一种基本竞争战略却劳而无功的企业被称为"夹在中间"的企业，这类企业不具有任何竞争优势。由于成本领先、差异化和集中化战略在任何细分市场的竞争中都占有十分有利的竞争地位，夹在中间的企业就只好处于竞争的劣势地位。即使夹在中间的企业侥幸发现了一种有利可图的产品或客户群，那些因明确采用了某一基本竞争战略而拥有了持久竞争优势的企业也会迅速进入该市场并占据有利的竞争地位。表2-1列出了实施三种基本竞争战略的企业所需具备的技能和一般要求。

表 2-1　三种基本竞争战略所需要的技能以及对企业的要求

基本战略	一般所需的技能和条件	企业的一般要求
成本领先	(1)持续的资本投入和取得资本的途径 (2)先进的加工工艺技能 (3)设计容易制造的产品 (4)严格的劳动监督 (5)低成本分销系统	(1)严格的成本控制 (2)经常而又详尽的控制报告 (3)结构化的、职责分明的组织机构，便于有效控制 (4)以满足严格定量目标为基础的激励

续表

基本战略	一般所需的技能和条件	企业的一般要求
差异化	(1)强有力的市场营销能力 (2)产品工艺设计能力 (3)创造性的眼光 (4)强有力的基础研究能力 (5)公司在质量或技术领先方面的声誉、在行业内的悠久历史或吸收其他企业的技能，并自成一体 (6)来自分销渠道的强有力的合作	(1)在研究与发展、产品开发和市场营销功能方面强有力的协调 (2)用主观衡量和激励替代定量化的衡量 (3)吸引高技能劳动力、科学家或有创造能力的人才的舒适环境
集中化	针对特定战略目标的上述政策的结合	针对特定战略目标的上述政策的结合

当一个行业中有多个企业选择建立在相同基础上的相同战略模式时，这些企业就会陷入无利可图的持久竞争中。因为一旦企业选定了竞争战略，实施后就很难再退出。所以，企业应慎重选择竞争战略，以防陷入持久的恶性竞争中。

企业要想在既定竞争战略下取得持久优势，获得长期生存和优于行业平均经营业绩的水平，就需要选择能与竞争对手有所差别的活动，并增加战略模仿的壁垒。所以，企业有必要增加投资来不断强化其建立的竞争优势。

第三章

企业市场营销管理

第一节　市场营销管理概述

一、市场营销的概念

市场营销是指通过交换满足需要和欲望的综合性的经营活动过程。它是与市场有关的一切人类活动，即以满足人类的需求和欲望为目的，通过市场将潜在交换变为现实交换的活动。

二、市场营销管理的任务和过程

(一)市场营销管理的含义

市场营销管理是指为实现企业目标，创造、建立并保持与目标市场之间的互利交换关系而进行的营销方案分析、计划、执行与控制活动。

(二)市场营销管理的任务

市场营销管理的任务是企业通过营销调研、计划、执行与控制活动，对目标市场的需求水平、时机和构成进行管理。

(三)市场营销管理的过程

市场营销管理主要包括四个步骤(图 3-1)，分别是分析市场机会、选择目标市场、确定市场营销组合、控制市场营销活动。

(1)分析市场机会。这是企业营销管理的第一个步骤。所谓市场机会是指可以用来赚钱的机会，即市场上尚未得到满足的需求。一个市场机会能否成为企业的营销机会，还要看它是否适合企业的目标和资源。只有那些既能够发挥企业优势，又符合企业发展目标，也具备成功条件的市场机会才能转化为公司的盈利机会。

(2)选择目标市场。选择目标市场的程序为：预测需求量—市场细分化—市场目标

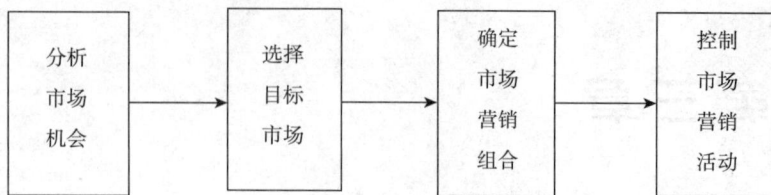

图 3-1　市场营销管理过程

化—市场定位。

(3)确定市场营销组合。市场营销组合是指企业为最大限度地满足目标市场的需求和应付竞争，对企业可以控制的市场营销因素(如质量、包装、价格、广告、销售渠道)的优化组合。企业可以控制的市场营销因素很多，最通用的分类方法是美国学者 E. J. 麦卡锡提出的将各种市场营销因素分为四类，即产品(product)、价格(price)、地点(place)、促销(promotion)，简称"4P"。

(4)控制市场营销活动。企业要有效开展市场营销工作，就必须制订和执行市场营销计划，建立和发展市场营销组织，进行必要的营销控制。这个过程是整个市场营销管理过程中的一个极其重要的步骤。

■第二节　市场细分和目标市场

一、市场细分的含义

市场细分是指根据消费者不同的特征把市场分割为若干个消费者群，每一个需求特点相类似的消费者群就是一个细分市场。市场细分不是从产品出发的市场分类，而是从区别消费者的不同需求出发，根据消费者购买行为的差异性把消费者总体划分为许多类似性购买群体。市场细分是企业在研究市场营销环境和消费者购买行为的基础上选择与确定目标市场的重要手段。

二、市场细分的依据及原则

为了使市场能够符合实际情况，为选择目标市场提供科学的依据，市场细分有以下几个方面的要求：

(1)把市场细分作为一个过程来进行。市场细分是市场分片集合化的过程。企业先把总体市场按照划分标准分成若干个小的分片，然后再把一些小的市场分片相应地集合成较大的市场分片，减少分片数，使其有一定的规模，以适应商品的供销情况，并减少企业的营销费用。

(2)市场细分的差异必须明确。细分依据标准要确切可用，难以度量的依据是不可用的。各分片应当有各自的购买群体，有共同的特征、类似的购买行为。

(3)每个细分市场必须有适当的发展潜力。一个细分市场是否大到足以实现企业的营销目标，取决于这个分片的人数和购买力。当然，每个分片的潜在需求大小还有待于企业去开拓和发展。

(4)市场细分必须在一定时期内能够保持比较稳定。细分市场应具有一定程度的稳定性，只有这样才能够成为企业制定较长期的市场营销策略的依据。如果变化太快，突然出现，突然消失，企业据此制订营销方案会带来很大风险。

三、目标市场的含义

市场细分的目的是要选择目标市场。市场细分揭示了企业面临的市场机会，还需在此基础上评估各细分市场，以确定企业将为哪些细分市场提供产品或服务，企业营销活动所要满足的细分市场即企业的目标市场。目标市场的选择是企业制定营销战略的基础，对企业的生存和发展具有重要意义。

目标市场是指企业在细分市场和经济评价的基础上，拟作为销售服务对象的具有特定需求的顾客群，它是既能发挥企业相对优势，又能提供获利机会，值得进入的市场。企业在市场细分的基础上，应选择那些既能充分利用本企业资源、发挥企业优势，又能较好地满足消费者需求、取得良好效益的细分市场作为自己的目标市场。

四、目标市场选择的依据

企业目标市场的选择是否恰当，是直接影响企业成败的关键。通常一个细分市场要成为企业的目标市场，应当具备以下几个条件：

(1)市场存在潜在需求量和相应的购买力。从现代市场营销的动态观念出发，企业应满足消费者的需求，不仅是现实需求，更重要的是潜在需求，因为它关系到企业的长期目标。从企业的经济效益来看，市场必须具有一定的购买力，即销售规模能使企业达到预期利润目标。倘若一个市场缺乏与消费产品相适应的购买力，则不可能构成现实市场。

(2)企业具有竞争优势。企业有充分把握取得竞争优势，有条件打入这一目标市场，可以通过恰当的营销策略占领该细分市场。

(3)该市场尚未被竞争者控制，或无强大竞争对手。该市场要有利可图，如果市场已被垄断控制，再选择这种市场就毫无意义了。

(4)企业有能力经营市场，满足市场需求。这里主要是指企业的人力、物力、财力、产、供、销和经营管理水平要有足够的实力，以保证企业能够进入这一目标市场。

(5)该市场有充分发展的潜力。该市场需求尚未满足，选作目标市场后能获得销售机会，并能不断扩大。

五、目标市场选择的策略

企业在经过市场细分后应根据自己的任务、目标、资源和特长等权衡利弊，然后决定进入哪个或哪些细分市场。企业决定进入的细分市场，就是该企业的目标市场。选择和确定目标市场范围，一般有五种类型。

(1)产品-市场集中化。即企业决定集中全力只生产某一种产品，满足某一顾客群的需要。小型企业通常选择这种策略，企业可以始终专注于某个细分市场，并可在经营取得成功后向更大市场范围扩展。

(2)产品专业化。企业的管理者决定向各种不同的顾客群提供其生产的同一种产品，如企业决定生产适合各层次用户需要的各种女性服装。

(3)市场专业化。企业的管理者决定向某一顾客群提供其所生产的各种产品，如决定生产能满足高收入层顾客所需要的各种男装、女装和童装。

(4)选择性专业化。企业的管理者决定同时选取多个细分市场为目标市场，这些分市场之间没有明显的联系，但是这些分市场都能提供良好的经营机会。这种类型的目标市场往往是一种增长战略的产物。

(5)覆盖整个市场。企业的管理者决定为所有顾客群，即不同的人、不同的财力和不同的个性的顾客群提供它所生产的各种不同产品。一般说来，企业常常先选定一个具有最佳经营机会的细分市场作为目标市场，取得成功后再逐步扩大，最后达到全面覆盖。这也是比较典型的某些大公司为谋求领导市场而采取的策略。

第三节　市场营销策略

市场营销策略，又称为市场营销组合策略，是指企业在选定的目标市场上综合运用各种市场营销策略和手段销售产品，并取得最佳经济效益的策略组合。

市场营销的因素有多种组合方式，运用最广泛的是所谓"4P"的分类方法。市场营销策略可分成四大类，即产品策略、价格策略、促销策略和渠道策略。

一、产品策略

市场营销的目标是以产品来满足顾客的需求与欲望，产品策略是市场营销的基础与核心。产品策略的内容包括整体产品概念、产品生命周期策略、产品组合策略、新产品策略、品牌策略与包装策略等。

(一)整体产品概念

整体产品概念是指人们通过购买而获得的能够满足某种需求和欲望的物品的总和，它既包括具有物质形态的产品实体，又包括非物质形态的利益。整体产品概念的内容主要有四层含义，分别是核心产品、有形产品、附加产品、心理产品(表3-1)。

表3-1　整体产品概念的四层含义

内容名称	内容解释	产品特征
核心产品	也称实质产品，是指产品能够提供购买者的基本效用或益处，是购买者所追求的中心内容	产品给客户带来的利益
有形产品	产品在市场上出现时的具体物质外形，它是产品的形体、外壳，核心产品只有通过有形产品才能体现出来	质量、款式、特色、包装
附加产品	顾客购买产品所得到的各种附加利益的总和	安装、使用指导、质量保证、维修等售后服务
心理产品	产品的品牌和形象提供给顾客心理上的满足	产品的品牌和形象

(二)产品生命周期策略

1. 产品生命周期的含义

产品生命周期,又称产品寿命周期,是指产品经过研究开发,从进入市场开始直到最终退出市场为止所经历的全部时间。产品生命周期一般可分为四个阶段,即投入期、成长期、成熟期和衰退期。

在产品生命周期的不同阶段,产品的市场占有率、销售额、利润额是不一样的。投入期产品销售量增长较慢,利润额多为负数。当销售量迅速增长,利润由负变正并迅速上升时,产品进入了成长期。经过快速增长,销售量逐渐趋于稳定,利润增长处于停滞,说明产品成熟期来临。在成熟期的后一阶段,产品销售量缓慢下降,利润开始下滑,当销售量加速递减,利润也较快下降时,产品便步入了衰退期。

产品生命周期形态可分为典型和非典型。典型的产品生命周期要经过投入期、成长期、成熟期和衰退期,呈 S 形曲线。非典型形态有"循环-再循环型"、"扇型"、"非循环型"等。研究产品生命周期对企业营销活动具有十分重要的启发意义。

2. 产品生命周期的特点和策略

1)投入期的特点和策略

投入期是新产品首次正式上市的最初销售时期,只有少数创新者和早期采用者购买产品,销售量小,促销费用和制造成本都很高,竞争也不太激烈。这一阶段企业营销策略的指导思想是,把销售力量直接投向最有可能的购买者,即新产品的创新者和早期采用者,让这两类具有领袖作用的消费者加快新产品的扩散速度,缩短投入期的时间。

具体可选择的营销策略有:快速撇取策略,即高价高强度促销;缓慢撇取策略,即高价低强度促销;快速渗透策略,即低价高强度促销;缓慢渗透策略,即低价低强度促销。

2)成长期的特点和策略

处于成长期的产品,其性能基本稳定,大部分消费者对产品已熟悉,销售量快速增长,竞争者不断进入,市场竞争加剧。

企业为维持其市场增长率可采取以下策略:改进和完善产品;寻求新的细分市场;改变广告宣传的重点;适时降价;等等。

3)成熟期的特点和策略

成熟期的营销策略应该是主动出击,以便尽量延长产品的成熟期。

具体策略有:市场改良,即通过开发产品的新用途和寻找新用户来扩大产品的销售量;产品改良,即通过提高产品的质量,增加产品的使用功能,改进产品的款式、包装,提供新的服务等来吸引消费者。

4)衰退期的策略

对于处于衰退期的产品,企业可选择以下四种营销策略:维持策略、转移策略、收缩策略和放弃策略。

(三)产品组合策略

1. 产品组合的概念

产品组合是企业生产经营的全部产品线、产品项目的组合方式,即产品组合的宽度、深度、长度和关联度。产品组合的宽度是企业生产经营的产品线的多少。例如，宝洁公司生产清洁剂、牙膏、肥皂、纸尿布及纸巾，有五条产品线，表明产品组合的宽度为五。产品组合的长度是企业所有产品线中产品项目的总和。产品组合的深度是指产品线中每一产品有多少品种。例如，宝洁公司的牙膏产品线下的产品项目有三种，佳洁士牙膏是其中一种，而佳洁士牙膏有三种规格和两种配方，那么佳洁士牙膏的深度是六。产品的关联度是各产品线在最终用途、生产条件、分销渠道和其他方面相互关联的程度。产品组合的四个维度为企业制定产品战略提供了依据。

2. 产品组合的优化

企业进行产品组合的基本方法是调整产品组合的四个维度，即增减产品线的宽度、长度、深度或产品线的关联度。要使企业产品组合达到最佳状态，即各种产品项目之间质的组合和量的比例既能适应市场需要，又能使企业盈利最大，需采用一定的评价方法进行选择。

(四)新产品策略

1. 新产品的含义

市场营销意义上的新产品含义很广，除包含因科学技术在某一领域的重大发现所产生的新产品外，还包括：在生产销售方面，只要产品在功能和(或)形态上发生改变，与原来的产品产生差异，甚至只是产品从原有市场进入新的市场，都可视为新产品；在消费者方面，是指能进入市场给消费者提供新的利益或新的效用而被消费者认可的产品。按产品研究开发过程，新产品可分为全新产品、改进型新产品、模仿型新产品、形成系列型新产品、降低成本型新产品和重新定位型新产品。

(1)全新产品是指应用新原理、新技术、新材料，具有新结构、新功能的产品。该新产品在全世界首先开发，能开创全新的市场。它占新产品的比例为10%左右。

(2)改进型新产品是指在原有老产品的基础上进行改进，使产品在结构、功能、品质、花色、款式及包装上具有新的特点和新的突破，改进后的新产品，其结构更加合理，功能更加齐全，品质更优，能更多地满足消费者不断变化的需要。它占新产品的26%左右。

(3)模仿型新产品是企业对国内外市场上已有的产品进行模仿生产，称为本企业的新产品。模仿型新产品占新产品的20%左右。

(4)形成系列型新产品是指在原有的产品大类中开发出新的品种、花色、规格等，从而与企业原有产品形成系列，扩大产品的目标市场。该类型新产品占新产品的26%左右。

(5)降低成本型新产品是以较低的成本提供同样性能的新产品，主要是指企业利用新科技改进生产工艺或提高生产效率，削减原产品的成本，但保持原有功能不变的新产品。这种新产品占新产品的比重为11%左右。

(6)重新定位型新产品是指企业的老产品进入新的市场而被称为该市场的新产品。这类新产品约占全部新产品的7%。

2. 新产品开发战略

新产品开发战略的类型根据新产品战略的维度组合而成，产品的竞争领域、新产品开发目标及实现目标的措施三维构成了新产品战略。对各维度、维度诸要素组合便形成各种新产品开发战略。典型的新产品开发战略包括以下四种：

（1）冒险战略。冒险战略是具有高风险性的新产品战略，通常是在企业面临巨大的市场压力时实施。企业常常会孤注一掷地调动其所有资源投入新产品开发，期望风险越大，回报越大。企业希望在技术上有较大的发展，甚至是一种技术突破。新产品开发的目标是迅速提高市场占有率，成为该新产品市场的领先者。实施该新产品战略的企业须具备领先的技术、巨大的资金实力、强有力的营销运作能力。中小企业显然不适合运用此新产品开发战略。

（2）进取战略。进取战略的竞争领域在于产品的最终用途和技术方面。企业新产品开发的目标是通过新产品市场占有率的提高使企业获得较快的发展。新产品创新程度较高、频率较快，大多数新产品选择率先进入市场。企业会以一定的资源进行新产品的自主开发。新产品创意可来源于对现有产品用途、功能、工艺、营销策略等的改进，改进型新产品、降低成本型新产品、形成系列型新产品、重新定位型新产品都可成为其选择，也不排除具有较大技术创新的新产品开发。该新产品战略的风险相对要小。

（3）紧跟战略。紧跟战略是指企业紧跟本行业实力强大的竞争者，迅速仿制竞争者已成功上市的新产品来维持企业的生存和发展。许多中小企业在发展之初常采用该新产品开发战略。该战略的特点是：产品的战略竞争领域是竞争对手所选定的产品或产品的最终用途，本企业无法也无需选定。企业新产品开发的目标是维持或提高市场占有率。仿制新产品的创新程度不高，产品进入市场的时机选择具有灵活性，新产品开发方式多为自主开发或委托开发。紧跟战略的研究开发费用小，但市场营销风险相对要大。

实施该新产品战略的关键是紧跟及时，全面、快速和准确地获得竞争者有关新产品开发的信息是仿制新产品开发战略成功的前提。对竞争者的新产品进行模仿式改进会使其新产品更具竞争力。强有力的市场营销运作是该战略的保障。

（4）防御战略。以保持或维持企业现有的市场地位为战略目标的企业会选择防御战略。该战略的产品竞争领域是市场上的新产品。新产品开发的目标是维持或适当扩大市场占有率，以维持企业的生存。防御型新产品开发战略多采用模仿型新产品开发模式，以自主开发为主，也可采用技术引进方式。新产品进入市场的时机通常要滞后，新产品开发的频率不高。成熟产业或夕阳产业中的中小企业常采用此战略。

（五）品牌策略

1. 品牌的含义

品牌是一种名称、术语、标记、符号或设计，或是它们的组合运用，其目的是借以辨认某个销售者或某群销售者的产品或服务，并使之同竞争对手的产品或服务区别开来。菲利普·科特勒将品牌所表达的意义分为六层，即属性、利益、价值、文化、个性、使用者。消费者感兴趣的是品牌的利益而不是属性，一个品牌最持久的含义是它的价值、文化和个性，它们确定了品牌的基础。品牌是企业的一种无形资产，对企业有重要意义，它有助于企业将自己的产品与竞争者的产品区分开来，有助于产品的销售和占领市场，有助于培养消费者对品牌的忠诚，有助于开发新产品、节约新产品投入市场的成本。

2. 品牌策略的决策

产品是否使用品牌是品牌决策要回答的首要问题。品牌对企业有很多好处，但建立品牌的成本和责任不容忽视，因此不是所有的产品都要使用品牌。第二个问题是，如果企业决定使用品牌，则面临着使用自己的品牌还是别人的品牌的决策，如使用特许品牌或中间商品牌。实力雄厚、生产技术和经营管理水平俱佳的企业，一般都使用自己的品牌。使用其他企业的品牌的优点和缺点都很突出，得结合企业的发展战略来决策。第三个问题是，使用一个品牌还是多个品牌。对于不同产品线或同一产品线下的不同产品品牌的选择有四种策略：个别品牌策略，即企业在不同的产品线上使用不同的品牌；单一品牌策略，即企业所有的产品采用同一品牌；同类统一品牌策略，即对同一产品线的产品采用同一品牌，不同的产品线品牌不同；企业名称与个别品牌并行制策略，即在不同的产品上使用不同的品牌，但在每一品牌之前冠以企业的名称。

3. 品牌延伸策略

品牌延伸是企业将某一有影响力的品牌使用到与原来产品不同的产品上。品牌延伸既可大大降低广告宣传等促销费用，又可使新产品更容易被消费者接受，这一策略运用得当有助于企业的发展。但品牌延伸的风险较大，品牌延伸不当还会影响原品牌的形象。

(六)包装策略

1. 包装的含义

包装是指产品的容器和外部包扎，是产品策略的重要内容，有着识别、便利、美化、增值和促销等功能。包装是产品不可分割的一部分，产品只有包装好后生产过程才算结束。产品包装是一项技术性和艺术性很强的工作，对产品的包装要达到以下效果：显示产品的特色和风格，与产品价值和质量水平相配合，包装形状、结构、大小应为运输、携带、保管和使用提供方便，包装设计应适合消费者心理，尊重消费者的宗教信仰和风俗习惯，符合法律规定等。

2. 企业基本的包装策略

企业可选择的包装策略主要包括以下四个方面：

(1)类似包装策略。即企业对其各种产品在包装上采用相近的图案、近似的色彩和共同的特征。采用该策略，可使消费者形成对企业产品的深刻印象，也可降低包装成本。但如果企业各种产品质量过于悬殊，则会形成负面影响。

(2)等级包装策略。即根据产品质量等级不同采取不同的包装。

(3)配套包装策略。即将不同类型和规格但有相互联系的产品置于同一包装中，如将系列化妆品包装在一起出售。

(4)附赠品包装策略。即在包装容器中附赠物品，以吸引消费者购买。

此外，还可采用复用包装策略、不同容器包装策略等。

二、价格策略

价格的高低直接决定企业的盈利水平，也直接影响消费者的购买行为。价格决策是企业经营决策中最重要的决策之一。

（一）影响价格的主要因素

（1）产品成本。产品成本是定价的基点，如果产品价格低于产品成本，企业就会得不偿失。一般情况下，产品的价格应高于其成本。

（2）市场价格水平。市场价格水平是产品定价的重要依据。当企业产品具有特色或是质量较高的名牌产品时，企业可以把价格定得高于市场价格。出售质量较差或已被淘汰的商品时，产品定价应低于市场价格。

（3）产品的供需状况。当市场对产品的需求量大于供给量时，价格就会出现上升趋势，相反的情况下则会出现下降的趋势。

（4）竞争对手状况。企业定价的高低是与竞争对手的产品及其服务和价格综合比较的结果。竞争对手较弱时，企业可以将价格定得较高从而获取高额利润。

（5）国家的宏观经济政策。在市场经济条件下，国家不直接干预商品的价格，主要通过宏观经济政策和税收、信贷等经济杠杆来影响价格的形成和变化。

（二）价格策略的内容

按照产品与市场情况，灵活地运用各种定价方法与策略，可以吸引顾客、刺激购买、扩大产品销路、实现营销目标。

1. 新产品定价策略

在企业新产品上市且竞争对手还没有推出同样的产品时，企业有速取和渐取两种价格策略可供选择。

1）速取策略

（1）含义：速取策略，又称"撇脂策略"，是一种高价策略，当新产品投入市场时把价格定得高一些，利用一定时期的垄断地位及时获取较高收益。

（2）适用条件：新产品满足用户需要，需求量较大，需求弹性较小，仿制较难。

（3）优点：①单位产品利润大，短时间内即可收回投资，当竞争者跟上来时企业已获得了丰厚的利润；②能使顾客产生产品质量优良的印象，树立产品的形象，更有利于吸引求新顾客的注意；③如销路不能扩大，企业还可以采用降价策略扩大销路。

（4）缺点：以高价投入市场，可能会出现声誉尚未树立而销售增长缓慢的不利形势；如畅销，高价带来的高额利润会诱使大批竞争者进入市场，造成价格猛跌直至无利可图。

2）渐取策略

（1）含义：渐取策略，又称为"渗透策略"，是指以低价将新产品投放市场的一种策略。

（2）适用条件：市场已有类似代用品，顾客对价格较为敏感，或易于仿制的新产品。

（3）优点：①可迅速吸引大批顾客，在短时期内打开产品销路；②对竞争者诱惑不大，可减少竞争，使企业获得并保持较高的市场占有率；③可使企业经营稳定，获取长期利润。

（4）缺点：新产品开发投资一般较大，要较长时期才能收回，这时期如果市场情况发生变化，企业就会无利可图。

2. 折扣价格策略

(1)含义：折扣价格策略是指非正式的或一定时间让价的策略。

(2)优点：该策略能吸引顾客加大购买量或成为企业的长期顾客；在一定时期内能增加销售额，加速企业资金周转，比降价具有更大的灵活性。

(3)形式：业务折扣、数量折扣、现金折扣和季节性折扣。

3. 差别定价策略

差别定价是根据需求中的某项差别而制定不同的价格，它包括细分市场差价、式样差价、销售地点差价等。

4. 心理价格策略

心理价格策略是考虑到消费者购买心理而实行的各种价格策略的总称，主要适用于零售企业。心理价格策略具体包括五个方面：零头价格，整数价格，声誉价格，"特价品"价格，投标价格。

三、促销策略

促销是指以人员或非人员的方法，说服和帮助顾客购买某项商品或劳务，或使顾客对卖方的观念产生好感。促销可以分为人员推销和非人员推销两大类，其中非人员推销又可分为广告、公共关系和营业推广等方式。

(一)人员推销策略

人员推销和顾客保持直接接触，具有很大的灵活性。人员推销策略的优点表现在：推销人员可以事先对潜在顾客进行研究，推销的成功率高。推销员的活动往往可以促成及时的购买行为；推销人员除了承担推销工作以外，还可以同时兼做市场服务、收集情报、进行市场调查研究等工作；推销人员可以促使买卖双方从单纯的买卖关系发展到建立深厚的个人友谊，互相信任，发展长期的合作。

(二)广告

1. 广告的概念

广告是指通过大众传播媒体把企业的产品或劳务信息传递到目标市场上去，以增强消费者的了解和信任，扩大产品的销售。广告在沟通市场信息、扩大流通、指导消费、促进生产等方面发挥着越来越重要的作用。

2. 广告的作用

广告的作用主要可概括为五个方面：①传递信息；②激发需求，刺激购买；③树立形象，开拓市场；④介绍知识，指导消费；⑤促进竞争，淘汰落后，减少重复生产。

(三)公共关系

在从事公关活动时，企业要从自身条件、产品特点以及公关的目标出发，综合、灵活地运用各种公关手段。具体来说，主要包括以下几个方面：

(1)宣传企业在国民经济中的地位、对社会的贡献，宣传新技术在本企业的应用，宣传现代化管理方法在本企业取得的丰硕成果。

(2)介绍产品的特点和使用中给用户带来的利益，介绍产品知识，引起用户对产品的兴趣。

(3)密切与新闻报道部门的关系，通过它们宣传企业的方针政策和产品、服务水平。

(4)组织或派人员参加有关产品的学术交流活动。

(5)参加各种社会团体举办的社交活动，以企业名义支持社会各种福利活动和赞助活动，或以企业名义举办文体活动。

(6)密切与中间商的联系，互通情报信息，及时把产品的改进与创新情况通过中间商传播给用户。

(7)有目的地收集和学习同类企业的经验，坚持互相协作，互相支援。

(8)对社会和用户的意见要求要及时处理，尽量予以满足，以消除顾客的不满。

(9)与大专院校、科研单位、学术团体加强联系，争取技术指导和成果转移，并使它们从中得到实惠。

(10)编印有关企业及产品知识的书籍，发表有关学术论文，开展以促进销售为目的的合理馈赠活动。

(四)营业推广

营业推广是指企业采取的能刺激顾客的强烈反应、促进短期购买行为的各种促销措施。营业推广的主要特点是向顾客提供特殊的购买机会或优惠条件，能迅速地吸引顾客的注意，激起购买行为，并在短期内扩大销售。

四、渠道策略

(一)销售渠道与中间商

中间商在商品销售中具有十分重要的作用。中间商不仅是连接生产者和消费者的桥梁，而且可以使生产企业减少交易量、提高销售效率、节省销售费用、扩大销售半径。

(二)销售渠道结构

1. 消费品销售渠道结构

消费品的销售渠道结构一般有四种形式：①直接销售渠道。由生产企业把产品直接销售给消费者。②经过零售商的销售渠道。③经过批发商—零售商的销售渠道。④经过代理商—批发商—零售商的销售渠道。

2. 工业品销售渠道结构

工业品的销售渠道结构一般也有四种形式：①直接销售渠道。②经过经销商的销售渠道。③经过代理商的销售渠道。④经过代理商—经销商的销售渠道。

第四节　市场需求预测

一、市场需求和市场需求预测

(一)市场需求的概念

市场需求是指某一产品的市场总需求，在一定的营销努力水平下、一定时期内，在特定地区、特定营销环境中，特定顾客群体可能购买的该种产品总量。

市场需求应具备三个条件——社会需求、购买欲望和购买能力。

(二)市场需求预测的含义

市场需求预测是指在营销调研的基础上，运用科学的理论和方法，对未来一定时期的市场需求量及影响需求诸因素进行分析研究，寻找市场需求发展变化的规律，为营销管理人员提供未来市场需求的预测性信息。

市场需求预测的基本内容包括：市场商品需求总量预测、市场需求构成预测、消费者购买行为预测。

(三)市场需求预测的步骤

市场需求预测的步骤如下：

(1)确定预测目标；

(2)搜集资料；

(3)选择预测方法与建立预测模型；

(4)分析预测误差；

(5)编写预测报告。

二、市场需求预测的基本方法

(一)定性预测方法

依靠预测者的专门知识和经验来分析判断事物未来发展的趋势，称为定性预测。它要求在充分利用已知信息的基础上发挥预测者的主观判断力，它适合预测那些模糊的、无法计量的社会经济现象，并通常由预测者集体来进行预测。

1. 购买者意向调查法

1)购买者意向调查法的适用行业和条件

该方法多用于工业用品和耐用消费品，适宜做短期预测。在满足下面三个条件的情况下，购买者意向调查法比较有效：①购买者的购买意向是明确清晰的；②这种意向会转化为顾客的购买行为；③购买者愿意把其意向告诉调查者。

2)优点

(1)企业人员可以在没有公开出版资料的情况下考虑各种问题的解决途径。

(2)企业可以树立和巩固企业关系购买者需要的形象。

(3)在进行总市场需求测量的过程中，也可以同时获得各行业、各地区的市场需求估计值。

3)缺点

购买者意向调查法的主要缺点是费时费钱。

2. 销售人员综合意见法

销售人员综合意见法，即分别收集销售人员对预测指标估计的最大值、最可能值、最低值及其发生的概率，集中所有参与预测者的意见，整理出最终预测值的方法。

该方法的优点是：①销售人员了解顾客，预测较准确；②销售人员参与企业预测，使销售人员有更大的信心完成销售配额；③可以获得按产品、区域、顾客或销售人员划分的各种销售额预测。

该方法需要对销售人员所作的需求预测作进一步的修正才可采用，这是因为：销售人员的判断总会有某些偏差，受其最近销售成败的影响，他们的判断可能会过于乐观或过于悲观；销售人员可能对经济发展形式或企业的营销总体规划不理解；为使其下一年度的销售大大超过配额指标，以获得升迁或奖励的机会，销售人员可能会故意压低其预测的数据；销售人员也可能对这种预测没有足够的知识、能力或兴趣。

3. 专家意见法

专家意见法，是美国兰德公司在 20 世纪 50 年代初创造的一种预测方法。它是充分发挥专家们的知识、经验和判断力，并按规定的工作程序来进行预测的方法。其主要特色在于：整个预测过程是背靠背进行的，即任何专家之间都不发生直接联系，一切活动都由工作人员与专家单独打交道来进行，从而使预测具有很强的独立性和较高的准确性。

1) 专家意见法的实施步骤

(1) 拟定意见征询表：意见征询表根据调查问题设计而成，是专家回答问题的主要依据。

(2) 选定征询专家：专家的人数不宜过多，也不能过少，一般以 10~20 人为宜。

(3) 反复征询专家意见。

(4) 资料统计处理。

(5) 做出调查结论。

2) 优点

专家意见法的优点包括：①在预测过程中，各种不同观点都可以表达并加以调和；②如果缺乏基本数据，可以运用这些方法加以弥补。

3) 缺点

专家意见法的缺点是：①专家意见法未必能反映客观现实；②责任较为分散，估计值的权数相同；③一般仅适用于总额的预测，用于区域、顾客群、产品大类等的预测时可靠性较差。

4. 市场实验法

市场实验法多用于投资大、风险高和有新奇特色产品的预测。

5. 类推法

类推法可以分为相关类推法和对比类推法。

1) 相关类推法

相关类推法是根据因果性原理，从已知的相关经济现象和经济指标去推断预测目标的未来发展趋向。例如，农村用电的普及和收入的提高与农村电视机的销量相关，当调查到农村通电的户数和收入的增加率时就可以推断出农村电视机的销售量增加额。儿童玩具的需要量增加可从儿童人数和购买力的提高去推断。

运用相关推断法时，应先根据理论分析和实践经验找出影响预测目标的主要因素，再根据因果性原理进行具体的推断。

2）对比类推法

对比类推法是依据类比性原理，从已知的相类似经济事件去推断预测目标的将来发展趋向。例如，要预测今后一段时间全国照相机的市场需求状况，只需选取若干大、中、小城市及一些有代表性的农村地区进行调查分析，即可类推全国总需求的情况。这是一种应用较广泛的局部总体类推法，除此之外，对比类推法还有产品类推法（根据产品的相似性类推）、地区类推法（根据地区的相似性类推）、行业类推法（根据行业的相似性类推）等。

在应用对比类推法时，应注意相似事物之间的差异。因相似不等于相等，在进行类推时，根据相似事物的差异往往要作一定的修正才能提高类推预测法的精度。

（二）定量预测方法

定量预测是指在数据资料充分的基础上，运用数学方法，有时还要结合计算机技术，对事物未来的发展趋势进行数量方面的估计与推测。

1. 时间序列分析法

时间序列分析法，即把某种经济统计指标的数值按时间先后顺序排成序列，再将此序列数值的变化加以延伸，进行推算，以预测未来的发展趋势。时间序列分析法主要是要消除偶然性因素的影响，把时间序列作为随机变量序列，采用数学平均或加权平均方法进行预测。

1）依据

这种方法的根据是：过去的统计数据之间存在着一定的关系，而且这种关系利用统计方法可以揭示出来；过去的销售状况对未来的销售趋势有绝对的影响，销售额是时间函数。

2）主要特点

假定影响未来市场需求和销售量的各种因素与过去的影响因素大体相似，并且产品的需求形态有一定的规律。因而，只要将时间序列的倾向性进行统计分析、加以延伸，便可以推测出市场需求的变化趋势，从而做出预测。

这种方法简单易行，应用较为普遍，但经济事件的未来状态不可能是过去的简单重复。因此，这种方法适用于短期预测或中期预测。如果时间序列的数据随时间的变化波动很大，或者市场环境变化很大，如国家的经济政策有重大变化、经济增长发生转折等，一般不宜采用这种方法。

3）具体方法

经常使用的时间序列分析法有简单平均法、移动平均法、加权平均法、指数平滑法和季节指数法等。

（1）简单平均法。它是利用历史资料的平均数来预测未来值的简单方法。该法适用于经营业务简单、生产经营较正常、趋势发展较有规律的短期预测。其计算公式为

$$\bar{x} = \frac{x_1 + x_2 + x_3 + \cdots + x_n}{n} = \frac{\sum x}{n}$$

式中，$\bar{x}$ 为平均数，即预测值；x 为观察值，即各期实际发生值；n 为期间数。

（2）移动平均法。这种方法就是利用过去实际发生的数据求其平均值，与上述方法

的区别是在时间上往后移动一个周期，将此时求得的结果作为下个周期的预测值。其计算公式为

$$M_{t+1} = \frac{x_t + x_{t-1} + \cdots + x_{t-n+1}}{n} = \frac{\sum\limits_{i=1}^{n} x_i}{n}$$

式中，M_{t+1} 为移动平均值，即预测值；x_t 为第 t 期的观测值；t 为期间数；n 为分段数据点数。

以表 3-2 的数据为例，若取 2013 年 3 个月的销售量预测 2014 年 1～3 月移动平均的销售额，不考虑增长率，则有

$$1 月销售额 = \frac{310 + 320 + 340}{3} = 323（万元）$$

$$2 月销售额 = \frac{320 + 340 + 323}{3} = 328（万元）$$

$$3 月销售额 = \frac{340 + 323 + 328}{3} = 330（万元）$$

表 3-2　某企业 2013 年 1～12 月销售资料（单位：万元）

月份	1月	2月	3月	4月	5月	6月	7月	8月	9月	10月	11月	12月
销售额	240	230	240	250	260	210	270	280	290	310	320	340

（3）加权平均法。由于数据越接近预测的时点，其值对预测值的影响越大；越远离预测的时点，其值对预测值的影响越小。如果用权数反映数据之间的这种差异，则能使预测值的准确性提高，这种方法称为加权平均法。其计算公式为

$$Y = \frac{x_1 w_1 + x_2 w_2 + \cdots + x_n w_n}{w_1 + w_2 + \cdots + w_n} = \frac{\sum\limits_{i=1}^{n} x_i w_i}{\sum\limits_{i=1}^{n} w_i}$$

式中，Y 为加权平均数，即预测值；x_i 为第 i 期的观测值；w_i 为第 i 期观测值的权重。

仍以表 3-2 中资料为例。若数据个数为 3，10 月、11 月、12 月数据的权重分别为 $\frac{1}{6}$、$\frac{2}{6}$、$\frac{3}{6}$，则预测 2014 年 1 月和 2 月的销售额为

$$1 月销售额 = \frac{310 \times \frac{1}{6} + 320 \times \frac{2}{6} + 340 \times \frac{3}{6}}{\frac{1}{6} + \frac{2}{6} + \frac{3}{6}} = 328（万元）$$

$$2 月销售额 = \frac{320 \times \frac{1}{6} + 340 \times \frac{2}{6} + 328 \times \frac{3}{6}}{\frac{1}{6} + \frac{2}{6} + \frac{3}{6}} = 331（万元）$$

（4）指数平滑法。指数平滑法是短期预测中最有效的方法。指数平滑法只需要得到很小的数据量就可以连续使用，在同类预测法中被认为是最精确的。当预测数据发生根本性变化时还可以进行自我调整。指数平滑法是加权平均法的一种，较近期观测值的权

重比远期观测值的权重要大。数学表达式为

$$F_t = \alpha D_{t-1} + (1-\alpha)F_{t-1}$$

式中，D_{t-1} 为最近一期销售实际量；F_{t-1} 为最近一期预测值；F_t 为本期预测值；α 为平滑化系数（$0 \leqslant \alpha \leqslant 1.0$）。系数的大小可根据过去的预测值与实际值差距的大小而定，即根据 D_{t-1} 与 F_{t-1} 的差距来确定。预测值与实际值差距大，则应大一些，差距小，则可取小一些。α 愈小，则近期的倾向性变动影响愈小，愈平滑；α 愈大，则近期的倾向性变动影响愈大。当 α 小于 0.3 时，预测曲线比较平滑。

（5）季节指数法。季节变动是指某些市场现象由于受自然气候、生产条件、生活习惯等因素的影响，在一定时间中随季节的变化而呈现出周期性的变化规律。例如，农副产品受自然气候影响形成市场供应量的季节性变动；节日商品、礼品性商品受民间传统的影响，其销售量也具有明显的季节变动现象。对季节变动进行分析研究，掌握其变动规律，可以预测季节型时间数列的季节变动值。

季节变动的主要特点是，每年都重复出现，各年同月（或季）具有相同的变动方向，变动幅度一般相差不大。因此，研究市场现象的季节变动时，收集时间序列的资料一般应以月（或季）为单位，并且至少需要有三年或三年以上的市场现象各月（或季）的资料才能观察到季节变动的一般规律性。

季节指数法，就是根据预测目标各年按月（或季）编制的时间数列资料，以统计方法测定出反映季节变动规律的季节指数，并利用季节指数进行预测的方法。测定季节指数的方法大体有两类：一是不考虑长期趋势的影响，直接根据原时间数列计算季节指数；二是考虑长期趋势的存在，先将长期趋势消除，然后计算季节指数。

第一种：无趋势变动的季节指数预测法。如果时间数列没有明显的长期变动趋势，就可以假设其不存在长期趋势，直接对时间数列中各年同月（或季）的实际值加以平均，再将各年同月（或季）的平均数与各年的总平均数进行比较，求出季节指数，或将各年同月（或季）的平均数与各年的总平均数相减，求出季节变差，最后通过季节指数或季节变差来计算出预测值。

第二种：含趋势变动的季节指数预测法。市场现象时间数列的变动，大部分都是季节变动与长期趋势变动交织在一起的。在研究其季节变动的同时，还必须考虑其长期趋势变动，把季节变动和长期趋势变动两种变动规律综合起来进行预测。

对含有两种变动趋势的时间数列求季节指数，最简便的办法是利用移动平均法计算出各期的趋势值，再将各期的实际值与对应期的趋势值相比较，计算出季节比率，然后把各年相同季节的季节比率加以平均，必要时再作一点修正，即求得季节指数。得到季节指数后，根据趋势值的平均变动情况求出预测期的趋势值，将其与对应期的季节指数相乘，就能得到所要预测的值。

2. 因果分析法

因果分析法也叫回归分析法，就是分析市场变化的原因，找出原因与结果的联系的方法，并据此预测市场未来的发展趋势。

在生产和流通领域的活动中，经常会遇到一些同处于一个统一体中的变量。在这个统一体中，这些变量是相互联系、相互制约的，它们之间客观上存在着一定的关系。为了深入了解事物的本质，需要利用适当的数学表达式来表明这些变量之间的依存关系。微积分用于研究完全确定的函数关系，然而在许多实际问题中，不是由于变量之间的关系比较复杂人们无法得到精确的数学表达式，就是由于生产或实验过程中不可避免地存在着误差的影响，它们之间的关系具有某种不确定性。因此，需要用统计方法，在大量的实践或观察中寻找隐藏在上述随机性后面的统计规律性。这类统计规律称为回归关系，有关回归关系的计算方法和理论通称为回归分析法。用回归分析法来分析一个或几个自变量(y)的变动，推测另一个自变量(x)变动的方向和程度，就是回归预测。回归预测主要分一元线性回归预测、多元线性回归预测等。

1) 一元线性回归预测法

一元线性回归预测是运用一个在事物变动的诸因素中起主要的和决定作用的自变量的变动，来推测另一个因变量的变动情况并得出它们之间的关系式，从而进行市场预测的一种方法。因为这两个变量之间的关系式一般呈线性关系，所以叫做线性回归预测法。因为它们相关的方向不同，又有正相关(顺相关)与负相关(逆相关)之分。例如，某地区居民人均年收入增加，某种耐用销售品的销售量也随之增加，其变动方向一致，因此称为正相关；根据商品流通费率的大小来预测商业利润的增减，由于流通费率增大利润率就会随之降低，其变动方向是反的，所以称为负相关。

一元线性回归预测法的公式为 $y=a+bx$。式中，y 为因变量；x 为自变量，即引起市场变化的某影响因素；a、b 为回归系数，其中 a 为截距，b 为斜率。在市场预测中，回归分析是通过历年数据确定回归系数 a、b 之值。推算 a、b 值的常用方法是最小二乘法，其公式为

$$b = \frac{\sum x_i y_i - \frac{1}{n}\left(\sum x_i\right)\left(\sum y_i\right)}{\sum x_i^2 - \frac{1}{n}\left(\sum x_i\right)^2}$$

$$a = \frac{\sum y_i}{n} - b\frac{\sum x_i}{n}$$

2) 多元线性回归预测法

在市场变化中，一般影响因变量的因素不止一个，所以需要研究多元回归。多元回归分析的理论与一元回归基本相同，只是表达式和计算都较为复杂。

假设一个随机变量 Y 与 m 个非随机变量 X 之间存在线性相关关系，则它们之间的关系可以用以下的线性回归预测模型来表示：

$$Y = \beta_0 + \beta_1 X_1 + \beta_2 X_2 + \cdots + \beta_m X_m$$

式中，Y 为因变量；$X_i(i=1, 2, \cdots, m)$ 为自变量；$\beta_i(i=0, 1, 2, \cdots, m)$ 为模型的参数，称为偏相关系数。

多元线性回归模型的参数 $\beta_i(i=0, 1, 2, \cdots, m)$ 在一般情况下是未知数，必须根据样本数据 $(y_j, x_{1j}, x_{2j}, \cdots, x_{mj})$ 来估计。回归参数 $\beta_i(i=0, 1, 2, \cdots, m)$ 的估计方法还是最小二乘法。根据样本数据 $(y_j, x_{1j}, x_{2j}, \cdots, x_{mj})$ 来估计 $\beta_i(i=0, 1, 2, \cdots, m)$ 时，使得产生残差的平方和取极小值。

$$Q = \sum (y_j - \hat{y}_j)^2$$
$$= \sum [y_j - (\beta_0 + \beta_1 x_{1j} + \cdots + \beta_m x_{mj})]^2$$

为此，分别对 $\beta_i (i=0, 1, 2, \cdots, m)$ 求偏导数，并令其等于零，由此，可以得到 $m+1$ 个方程。

$$\frac{\partial Q}{\partial \beta_0}=0, \quad \frac{\partial Q}{\partial \beta_1}=0, \quad \cdots, \quad \frac{\partial Q}{\partial \beta_m}=0$$

进而，求出回归参数 $\beta_i (i=0, 1, 2, \cdots, m)$。

需要说明的是，需求预测是一项十分复杂的工作。在大多数情况下，企业经营的市场环境是不断变化的，总市场需求和企业需求都是变化的、不稳定的。需求越不稳定，越需要精确的预测。这时准确地预测市场需求和企业需求成为企业成功的关键，因为任何错误的预测都可能导致库存积压或存量不足，从而使销售额下降以至出现销售中断等不良后果。

第四章

企业生产与运作管理

第一节　生产与运作管理概述

生产与运作管理的本质是在生产过程中增值。"增值"这一术语是用来描述投入的成本和产出的价格或价值之间的差异的。

一、生产与运作管理的概念及其内容

(一)生产与运作管理的概念

生产与运作管理是指企业对生产运作系统的设计、运行与维护过程进行的管理。

(二)生产与运作管理的内容

1. 生产与运作系统的设计

生产与运作系统设计主要包括以下四个方面：产品或服务的选择和设计、生产设施布置、服务交付系统设计和工作设计。生产与运作系统设计质量的好坏直接影响生产系统的运行。

2. 生产与运作系统的运行和控制

生产与运作系统运行主要涉及生产计划与控制。生产计划主要解决生产什么、生产多少和何时生产的问题；控制主要解决如何保证按计划完成任务的问题，包括生产进度控制、采购控制和库存控制等。

生产进度控制是指各生产单元要按期完工，产品按期装配和产出。采购要甄辨出战略性资源、重要性物资和一般物资。库存控制包括对战略性物资、重要性物资和一般性物资的采购审批控制程序等。

3. 生产与运作系统的维护

生产与运作系统的维护主要涉及设备和设施的维护管理，其目标是提高资产维修效率、增加资产可靠性、降低资产的总体维修成本、尽量延长资产的使用寿命。

二、生产与运作管理的目标

生产与运作管理的任务就在于运用组织、计划、控制等职能，把投入生产过程的各种生产要素有效地结合起来，形成有机的体系，按照最经济的生产方式生产出满足社会需要的产品。

生产与运作管理的目标体现在 CQSTE 五方面特征：低成本（cost）、合格质量（quality）、满意服务（service）、准时性（time）和清洁生产（environment）。即企业要满足以下六种要求：低耗——成本要求；合格产品和提供满意服务——质量要求；准时——服务型要求；高效——时间性要求；灵活——弹性要求；清洁生产——环保要求。

第二节　生产过程组织

一、生产过程的概念和内容

生产过程是一个投入—转换—产出的过程，即投入一定的资源，经过一系列的转换，最后以某种形式的产出提供给社会的过程。为确保实现预期的产出，需在转换过程的各个阶段实施监测，并把执行结果与事先制定的标准进行比较，以决定是否采取纠正措施。

（一）生产过程的概念

生产过程既是劳动过程和自然过程的结合过程，也是劳动过程和价值形成过程的结合过程，有广义和狭义之分。

狭义的产品生产过程是指从原材料投入生产开始一直到成品制造完毕出产为止的全部过程。

广义的产品生产过程是指从产品设计、选择并准备生产（生产技术准备）开始到把该产品最终制造出来为止的全部过程。

（二）产品生产过程的基本内容

（1）劳动过程。劳动过程是劳动者、劳动对象和劳动手段结合的过程。

（2）自然过程。产品生产过程是借助自然力产生某种变化的过程，如铸件的自然时效、油漆的自然干燥等。

二、生产过程的组成

（一）横向展开

（1）生产技术准备过程。生产技术准备过程是指产品在投入生产前所进行的一系列技术准备工作。

（2）基本生产过程。基本生产过程是指直接把劳动对象变为企业基本产品（是指以销售为目的，满足社会或市场需要而生产的产品）的过程。

（3）辅助生产过程。辅助生产过程是指为保证基本生产过程正常进行而从事的各种辅助产品及劳务的生产过程。

（4）生产服务过程。生产服务过程是指为基本生产和辅助生产所进行的各种生产服务的过程，如原材料、半成品和工具的保管、运输、供应以及试验与理化检验等。

（5）附属生产过程。即利用企业的边角余料或废料进行生产的过程。企业生产过程的核心是基本生产过程，其他部分根据企业的生产规模、管理模式、专业化程度等具体情况包括在企业生产过程之中，或由专门的单位来完成。

（二）纵向展开

（1）工艺过程。工艺过程是指直接改变劳动对象的性质、形状、大小等的过程。

（2）工序。工序是指一个（或一组）工人，在一台机床（或一个工作地点），对同一个（或同时对几个）工件所连续完成的那一部分工艺过程。工序可以分为工艺工序和非工艺工序。

（3）工步。工步是在加工表面不变、加工工具不变、切削用量不变的条件下所连续完成的那一部分工序。

三、生产过程的组织

（一）生产过程组织的基本要求

1. 连续性

连续性即产品和它的零部件在生产过程各环节上的运动始终处于连续的状态，不出现或少出现不必要的中断、停顿或等待的现象。

（1）优点：缩短生产周期，减少在制品数量，加速资金周转；充分利用设备、物资，减少等待损失，提高产品质量。

（2）保证连续性的措施：符合工艺路线的总体布置；作业安排紧密衔接；提高机械化、自动化水平；采用先进组织形式；提前做好生产准备。

2. 平行性

平行性是指生产过程的各项活动、各工序在时间上实行平行交叉作业，即零件平行、工序平行。

3. 比例性或协调性

生产过程各阶段、各工序之间在生产能力上要保持一定的比例性，具体体现在工人人数、设备数量、生产速率、开工班次上。

保证协调性的措施包括：注意产品生产规模和生产能力之间的平衡问题，加强计划管理。

4. 均衡性

均衡性又称节奏性，是指在生产过程的各个阶段都要保持按计划有节奏、均衡地进行，要求在相等的时间间隔内生产相等或递增数量的产品。

5. 适应性

适应性是指企业的生产过程适应市场复杂多变的能力。

（二）生产过程的空间组织

1. 目标

生产过程的空间组织是为了从空间组织中获得最大的效益。具体目标包括以下五个方面：①最短的路线；②最大的灵活性；③最有效的面积利用；④最良好的工作环境；⑤最合理的发展余地。

2. 要求

生产过程的空间组织的要求包括以下五个方面：①符合加工过程的要求；②靠近布置原则；③符合发展原则（适应生产变化的需要）；④有利于安全与健康；⑤充分利用外部环境的便利条件。

（三）生产过程的时间组织

生产过程的时间组织的基本目标就是节约产品加工时间，缩短产品生产周期。其主要内容是确定各劳动对象在各生产单位、各工序之间的移动方式和投产顺序。劳动对象在各工序之间的移动方式是生产过程时间组织的基础，它主要受产品数量、工序加工单件时间、工艺路线等的影响。产品或零件加工的移动方式一般有三种，即顺序移动方式、平行移动方式、平行顺序移动方式。

第五章

企业财务管理

第一节　企业财务管理概述

一、企业财务管理的概念

财务管理(financial management)是在一定的整体目标下，对于资产的购置(投资)、资本的融通(筹资)、经营中现金流量(营运资金)以及利润分配的管理。财务管理是企业管理的一个组成部分，它是根据财经法规制度、按照财务管理的原则组织企业财务活动、处理财务关系的一项经济管理工作。

二、企业财务管理的目标和内容

(一)企业财务管理的目标

财务管理目标是一切财务活动的出发点和归宿。一般而言，最具有代表性的财务管理目标有以下三种。

1. 利润最大化

以追逐利润最大化作为财务管理的目标，其原因有以下两个方面：①在自由竞争的资本市场中，资本的使用权最终属于获利最多的公司；②每个公司都最大限度地获得利润，整个社会的财富才可能实现最大化，从而带来社会的进步和发展。

利润最大化目标在实践中存在一些难以解决的问题：①它没有考虑货币的时间价值；②没有反映创造的利润与投入的资本之间的关系；③没有考虑风险因素，高额利润往往要承担过大的风险；④片面追求利润最大化，可能导致公司短期行为。

2. 股东财富最大化

在确定公司财务管理目标时，应从股东的利益出发，选择股东财富最大。股东财富最大化也可表示为股票价格最大化。

与利润最大化相比，将股东财富最大化作为理财目标具有其积极的方面，主要表现在：①股东财富这一指标能够考虑取得收益的时间因素和风险因素；②股东财富最大化在一定程度上可以克服公司在追求利润上的短期行为；③股东财富最大化能够充分体现公司所有者对资本保值与增值的要求。

股东财富最大化也存在一些缺点：①股东财富最大化只适用于上市公司，对非上市公司很难适用；②股票价格的高低实际上不能完全反映股东财富或价值的大小；③在实际工作中可能导致公司所有者与其他利益主体之间的矛盾与冲突。

3. 公司价值最大化

公司价值是指公司全部资产的市场价值，即公司资产未来预期现金流量的现值。公司价值的一般表达方式为：公司价值＝债券市场价值＋股票市场价值。以公司价值最大化作为财务管理的目标，其优点是：①考虑了货币的时间价值和投资的风险价值；②反映了对公司资产保值增值的要求；③有利于克服管理上的片面性和短期行为；④有利于实现社会效益最大化。

以公司价值最大化作为财务管理的目标也存在一些问题，特别是对于非上市公司，包括：①估价不易客观和准确；②股票价值并非为公司所控制，其价格波动也并非与公司财务状况的实际变动相一致，这给公司实际经营业绩的衡量带来了一定的问题。

(二)企业财务管理的内容

财务管理是关于公司资源取得与使用的一种管理活动。从结构上看，可将公司财务管理分为长期投资管理、长期筹资管理和营运资本管理三部分。

长期投资管理主要侧重于公司资本的投向、规模、构成及使用效果管理，即对列示在资产负债表左下方有关项目的管理。

长期筹资管理主要侧重于资本的来源渠道、筹措方式、资本成本及资本结构管理，即对列示在资产负债表右下方有关项目的管理。

营运资本管理主要侧重于流动资产管理和为维持流动资产而进行的筹资管理，即对列示在资产负债表上方有关项目的管理，或经营活动现金流量管理。投资、筹资及营运资本管理的结果是使资源的使用效益大于资源的取得成本，实现公司价值最大化。

第二节　财务报表

财务报表分析是通过对财务数据和相关信息的汇总、计算、对比和说明，以揭示和评价公司的财务状况、经营成果、现金流量和公司风险，为报表使用者的投资、筹资和经营决策活动提供财务信息。

一、资产负债表

资产负债表(the balance sheet)，亦称财务状况表，表示企业在一定日期(通常为各会计期末)的财务状况(即资产、负债和业主权益的状况)的主要会计报表。资产负债表利用会计平衡原则，将合乎会计原则的资产、负债、股东权益交易科目分为"资产"和"负债及股东权益"两大区块，在经过分录、转账、分类账、试算、调整等会计程序后，以特定日期的静态企业情况为基准浓缩成一张报表。其报表功能除了企业内部除错、查看经营状况、防止弊端外，也可让所有阅读者于最短时间内了解企业的经营状况。

(一)资产负债表的基本结构

资产负债表一般是按各种资产变化先后顺序逐一列在表的左方，反映单位所有的各项财产、物资、债权和权利；所有的负债和业主权益则逐一列在表的右方。负债一般列于右上方，分别反映各种长期和短期负债的项目；业主权益列在右下方，反映业主的资本和盈余，左右两方的数额相等。

资产负债表必须定期对外公布和报送外部与企业有经济利害关系的各个集团(包括股票持有者，长、短期债权人，政府等有关机构)。当资产负债表列有上期期末数时，称为比较资产负债表，它通过前后期资产负债的比较，可以反映企业财务变动状况。根据股权有密切联系的几个独立企业的资产负债表汇总编制的资产负债表，称为合并资产负债表，它可以综合反映本企业以及与其在股权上有联系的企业的全部财务状况。

(二)资产负债表的组成

1. 资产

按流动性大小不同，资产分为流动资产和非流动资产两类。

流动资产由货币资金、交易性金融资产、应收账款、预付账款、其他应收款、存货和待摊费用等项目组成。

非流动资产由持有至到期投资、可供出售金融资产、长期股权投资、固定资产、无形资产和长期待摊费用等项目组成。

2. 负债

按流动性不同，负债分为流动负债和非流动负债两类。

流动负债由短期借款、应付账款、预收账款、应付职工薪酬、应交税费、应付股利、其他应付款、预提费用等项目组成。

非流动负债由长期借款和应付债券组成。

3. 所有者权益

按来源不同，所有者权益由实收资本、资本公积、盈余公积和未分配利润等项目组成。

(三)资产负债表的分析

资产负债表是用以表达一个企业在特定时期的财务状况的。财务状况是指企业的资产、负债、所有者权益及其相互关系。资产负债表以"资产＝负债＋所有者权益"这一等式为理论基础，据此可以分析公司的财务状况。

(1)揭示公司的资产及其分布结构。通过考察流动资产可了解公司在银行的存款以及变现能力，掌握资产的实际流动性与质量；分析长期投资，掌握公司从事的是实业投资还是股权债权投资，以及是否存在新的利润增长点或潜在风险；通过了解固定资产工程物资与在建工程及与同期比较，可以掌握固定资产消长趋势；通过了解无形资产与其他资产，可以掌握公司资产潜质。

(2)揭示公司的资产来源及其构成。根据资产、负债、所有者权益之间的关系，如果公司负债比重高，相应的所有者权益即净资产就低，说明主要靠债务"撑大"了资产总额，真正属于公司自己的财产（即所有者权益）不多。还可进一步分析流动负债与长期负债，如果短期负债多，对应的流动资产中货币资金与短期投资净额与应收票据、股利、利息等可变现总额低于流动负债，说明公司不但还债压力较大，而且借来的钱成了被他人占用的应收账款与滞销的存货，反映企业经营不善、产品销路不好、资金周转不灵。

（3）有助于评价公司的盈利能力。通常情况下，资产负债率应当控制在适度的比例，如工业生产类企业以低于60％为宜。不过，过低（如低于40％）也不好，说明公司缺乏适度负债经营的创新勇气。结合资产收益率，还可评价公司的资产创利、盈利能力。

（4）通过期初数与期末数的对比，有助于投资者对资产负债进行动态的比较，进一步分析公司经营管理水平及发展前景与后劲。

二、损益表

损益表（profit and loss account），又称为利润表，是指反映企业在一定会计期的经营成果及其分配情况的会计报表，是一段时间内公司经营业绩的财务记录，反映了这段时间的销售收入、销售成本、经营费用及税收状况，报表结果为公司实现的利润或形成的亏损。损益表是以权责发生制为基础的经营成果，表现了企业的财务形象。

（一）企业利润的确认原则

企业利润的确认原则是权责发生制。权责发生制是指凡是应属本期的收入和费用，不论其款项是否收到或付出，都作为本期的收入和费用处理；反之，凡不属于本期的收入和费用，即使款项在本期收到或付出，也不应作为本期的收入和费用处理。

（二）企业利润的质量分析

1. 营业利润实现过程的质量分析

（1）营业收入的产品品种构成分析。占总收入比重大的商品或劳务是企业过去业绩的主要增长点，企业要科学分析能够体现过去主要业绩的商品或劳务的未来发展趋势。

（2）营业收入的地区构成分析。占总收入比重大的地区是企业过去业绩的主要地区增长点，不同地区的消费者对不同品牌的商品具有不同的偏好，不同地区的市场潜力在很大程度上制约着企业的未来发展。

（3）营业实现收入的方式分析。第一，分析政府所起的作用。行政手段对企业营业收入所起的作用越大，未来的发展前景越无法肯定。第二，分析企业与关联方交易状况。关注以关联方销售为主体形成的营业收入在交易价格、交易的实现时间、交易量等方面的非市场化因素。第三，分析企业市场化运作状况。市场运作越不规范，企业营业收入的发展前景越不确定。

（4）产品的抗变能力分析。产品的抗变能力越强，生命力越持久，营业收入越有保障。

2. 利润结构的质量分析

（1）利润表本身的质量。企业应关注毛利率走势；注意小项目的大危机，如其他业务利润、营业外收入、营业外支出；注意净利润中投资收益与营业利润的互补性变化。

（2）注意利润的结构与资产结构之间的对应关系。

(3)关注营业利润与投资收益各自带来现金流量的能力。

3. 利润结果的质量分析

企业应关注利润对应的资产质量，如货币资金质量、商业债权质量、存货质量、固定资产质量、长期投资质量等。

三、现金流量表

现金流量表是以现金为基础编制的、综合反映企业一定会计期间内现金的流入和流出及其增减变动情况的报表。我国企业的现金流量表属于年度报表，由正表和补充资料两大部分组成。正表采用报告式，按照现金流量的性质依次分类反映经营活动产生的现金流量、投资活动产生的现金流量和筹资活动产生的现金流量。现金流量表是以收付实现制为基础的经营成果的体现，可以用来表明企业的支付能力。

(一)现金流量影响因素与调整

(1)现金流量分析的对象：分析对象＝期末现金及现金等价物－期初现金及现金等价物。

(2)从净收益到经营活动现金流量净额的调整过程：在净收益的基础上，加上非经营活动损失(筹资和投资活动的损益)；加上不支付现金的费用；加上非现金流动资产减少，减去非现金流动资产增加；加上经营性应付项目增加，减去经营性应付项目的减少等。

(二)现金流量比率分析

1. 流动性分析

反映公司现金流动性的指标主要有现金流量负债比率、现金利息保障倍数和到期债务偿付比率，其计算公式分别为

$$现金流量负债比率＝\frac{经营现金净流量}{流动负债}$$

$$现金利息保障倍数＝\frac{经营现金净流量＋利息费用＋所得税}{利息费用}$$

$$到期债务偿付比率＝\frac{经营现金净流量}{到期债务本息}$$

2. 财务弹性分析

反映公司财务弹性的指标主要有现金流量适合比率、现金再投资比率和现金股利保障倍数，其计算公式为

$$现金流量适合比率＝\frac{近五年经营现金净流量}{近五年资本支出、存货增加、现金股利之和}$$

$$现金再投资比率＝\frac{业务活动净现金流量}{固定资产＋长期投资＋运营资金}$$

$$现金股利保障倍数＝\frac{每股营业现金流量}{每股现金股利}$$

3. 收益质量分析

反映收益质量的指标主要有每股经营现金净流量和现金收益比率，其计算公式为

$$每股经营现金净流量=\frac{经营现金净流量}{普通股股数}$$

$$现金收益比率=\frac{经营现金净流量}{净收益}$$

4. 现金流量结构百分比分析

现金流量结构百分比分析是以现金流入总额作为 100%，分别计算经营活动、投资活动和筹资活动现金流入量、流出量占现金流入总额的比重，分别反映公司现金的来源与用途，以便分析公司现金流入量与流出量的匹配程度。

(三)现金流量质量的分析方法

(1)经营活动现金流量的质量分析。经营活动现金流量小于零，不能维持货币运行，应通过其他活动补偿；经营活动现金流量等于零，恰好维持经营活动，但不能补偿应计和摊销性费用；经营活动现金流量大于零但小于应计和摊销性费用，只能部分补偿应计和摊销性费用；经营活动现金流量大于零且等于应计和摊销性费用，可以全额补偿应计和摊销性费用，但不能为扩大再生产提供货币；经营活动现金流量大于应计和摊销性费用，能部分为企业扩大再生产提供货币。

(2)投资活动现金流量的质量分析。对内投资活动现金流量先流出，流出应由经营活动补偿，速度取决于折旧速度，补偿时间滞后；流出量为负数，一般表明企业在扩张。

(3)筹资活动现金流量的质量分析。筹资活动完全取决于前两项活动具体情况的变化。

中 篇

实践篇

第六章

企业运营模拟系统概述

■ 第一节　Top-Boss 介绍

一、Top-Boss 基本情况

Top-Boss 是中国台湾特波国际公司开发的一种模拟真实市场竞争环境中进行企业经营管理教学的模拟教学工具。学生在不同的公司中扮演总经理、生产经理、财务经理、市场经理、采购经理等经营者角色，充分参与和体验，互相切磋与博弈。Top-Boss 软件根据各公司的决策形成各公司在市场上的最终博弈结果，学生可把模拟过程和实际工作联系起来，对自己在模拟公司的经营方式进行反思，学习如何从财务数据中洞察经营本质，从而系统整理已掌握的经营管理知识和经验，引导学生在更高层面进行逻辑性、系统性思考。

Top-Boss 采用组队的方式进行，每队由 6~8 个队员组成一家虚拟的公司与其他的几家公司(最多 10 家)在同一市场中进行竞争。比赛开始，各组将收到第 0 期总体经济环境与产业环境情报及所接管公司的业务与财务报表等经营信息。各组成员分工合作，分析企业外部和内部的各种信息，试算公司自身各种资源投入的可能组合，做出决策后输入 Top-Boss 系统。各组输入决策后，竞赛主持人(指导老师)结算第 1 期竞赛结果，各组公司立即可以在客户端看到公司经营结果以及其他竞争者的经营成绩。接着，重新评估和分析各种外部状况与公司内部状况，并可购买产业或竞争者情报(情报功能可以设置为开启或关闭)加以分析。之后，再输入相应的决策值，如此反复进行竞赛，直到主持人设定的期数(一般为 8 期)完成为止。最后，由指导教师根据标准[如期末业主权益或净现值(net present value，NPV)]判定企业经营的绩效并决定胜负，排出竞赛名次。

二、Top-Boss 主要功能

（一）学生端功能

（1）公司申请。

（2）公司设定，包括总经理、企划经理、生产经理、采购经理、行销经理、财务经理和公司顾问七项设定。

（3）经营决策。

（4）运营资讯。

（5）绩效评估，包括八项功能（即企划部门、生产部门、采购部门、行销部门、财务部门、评估汇总、财务比率和杜邦图）。

（6）情报交易，包括两项功能，即购买产业情报和查看情报内容。

（7）BOSS 讨论。

（二）教师端功能

（1）公司管理。

（2）产生竞赛，包括社会经济成长指数、通货膨胀指数等宏观环境设置，市场状况、设备投资及生产方式等微观环境设置。

（3）启始竞赛，包括四种难易程度选择（即 BOSS1、BOSS2、BOSS3、BOSS4），竞赛时一般都选择 BOSS4。

（4）主持竞赛，包括八项功能：进行下期竞赛运算、更新竞赛状态、竞赛启始经营报表、企业经营成果报表、设定情报交易、企业经营成果汇总、部门经营效绩汇总和市场产业情报。

（5）期末结算，产生各企业最终各项报表及图示信息。

（6）竞赛记录，查询各期各队竞赛记录。

（7）系统管理，设定管理密码等。

三、Top-Boss 决策需要了解的背景资料

学生进行 Top-Boss 决策需要了解的背景资料和信息主要包括以下几个方面：

（1）宏观经济环境，包括通货膨胀幅度、经济成长指数、银行利率、税率等。

（2）产业背景资料，包括生产方式的确定、折旧方式、产品生命周期、研究发展费用的影响、设备投资的影响等。

（3）市场环境资料，包括产品季节影响、市场价格弹性、促销活动影响、市场占有率、产品市场占有率递延效果等。

（4）接手企业的基本信息，了解接手企业的财务、产品库存、原材料库存及市场占有率等原始状况资料，并进行深度分析。

（5）规则和相关公式，了解并应用 Top-Boss 系统中的规则和相关公式。

四、Top-Boss 功能特点

（1）仿真性。能创造接近企业真实运营现状的社会总体经济环境、各类市场环境和

竞争环境等。

(2)博弈性。企业之间对抗特征明显，竞赛者获胜心理强烈，且极具挑战性。

(3)可变性。提供动态学习的环境，每次结果都随着对手决策、市场、环境的不同和竞赛者自己决策的改变而变化。

(4)激励性。学习成果立即显现，在各队决策输入后的一分钟内企业利润、市场占有率、销售量、各部门业绩、企业经营综合报表等各项指标全部呈现。所有参与者立刻能够获悉决策所引发的结果，激励学生立即对自己的决策负责，并反省与检讨，经验得以迅速积累，在修正之后又能立刻再投入下一期的决策。

(5)量化性。强调数字分析、重视理性研判，提供各种业务报表和财务报表、图形进行分析。

(6)创新性。具有角色扮演的效果，培养参与战略决策的创新能力。

(7)组织性。每个企业团队有6～8人组成，由总经理统一领导，通过沟通会和研讨会建立整体团队合作理念，共同协作完成决策项目，实现企业经营和战略目标。

五、Top-Boss 实训后应达到的学习效果

(1)正确理解企业管理的基本功能、特性及其相互影响，了解管理与科学决策对于各功能的重要影响。

(2)懂得战略计划的重要性，了解好的企业经营战略是企业经营目标实现、企业的执行能力得到提高和避免犯错误的基础条件。

(3)了解市场竞争环境的特性与企业有效管理的重要性，掌握竞争因素的预期、评价与分析和应对策略。

(4)了解企业财务管理的目标和内容，能正确阅读与解释三个财务报表(资产负债表、损益表和现金流量表)，并能够分析报表获得支持企业决策的财务信息。

(5)学会对决定性的经济背景参数(如产品生命周期、通货膨胀率等)的分析、把握和应对方法。

(6)学会通过查阅各种资料来分析竞争对手的优势、劣势，懂得产品销售定价与产品品质、品牌、市场需求等各相关因素的关系。

(7)掌握企业经营的基本要求，学会发掘与有效运用所获得的企业经营经验。

(8)真正懂得企业的利润来源。

(9)懂得产、供、销平衡以及产、供、销、财等企业各部门相互沟通与协调的重要性。

(10)让学生将学过的企业管理、市场营销、战略管理、生产运作、财务管理等各管理学专业课程的知识点串联起来，应用于实践，并检验其效果。

■第二节　Top-Boss 的基本架构和运行流程

一、Top-Boss 的基本架构

Top-Boss 系统共包括四种经营模式，即 BOSS1、BOSS2、BOSS3、BOSS4。从

BOSS1 到 BOSS4 复杂程度和难度逐渐增加，在初学和平时学习训练过程中指导教师可以根据学生的情况灵活选择其中一种，而在组织企业运营模拟比赛时常常选择 BOSS4。

（一）BOSS1

BOSS1 由数家生产单一产品、自产自销的企业组成产业，它们在产业市场上互相竞争，分别追求最大利润。BOSS1 模型如图 6-1 所示。

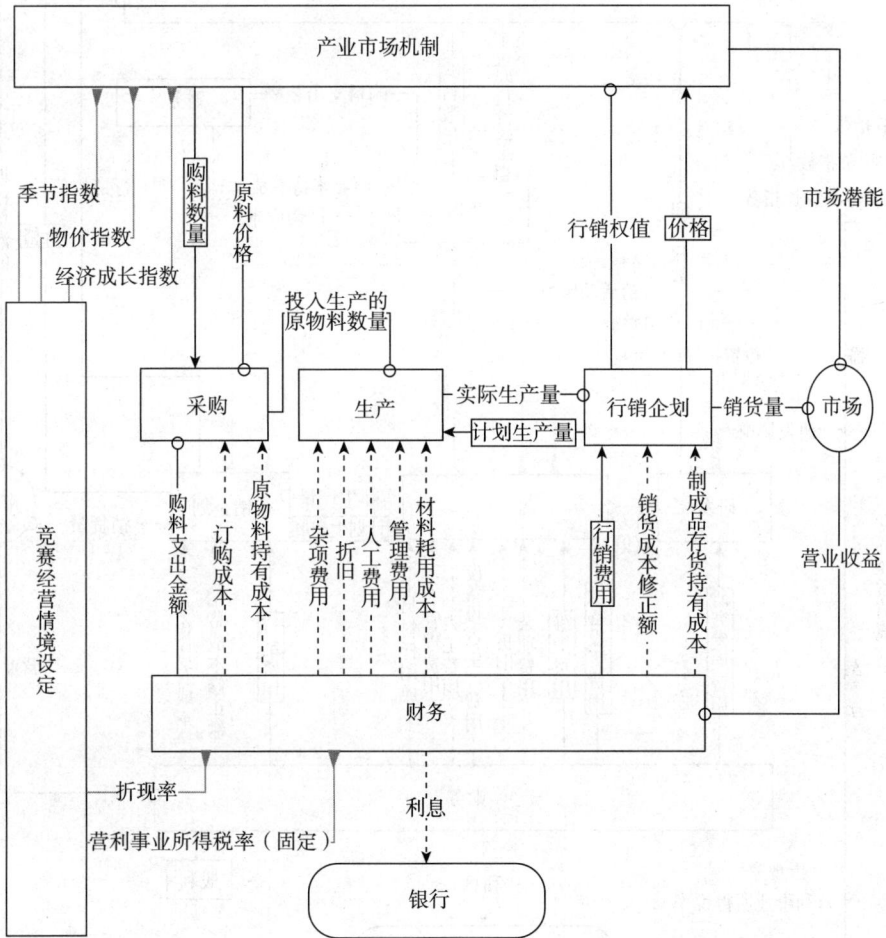

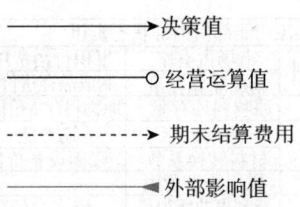

图 6-1 BOSS1 模型图

（二）BOSS2

BOSS2 承袭了 BOSS1 的基本架构，但在企业可控制的决策项目上增加了研发费用、维护费用、设备投资支出及股利四项，已具备企业经营的基本雏形。同时，考虑价格弹性以及营销、研发、维护的重要程度，将其设为产业变量。BOSS2 模型如图 6-2 所示。

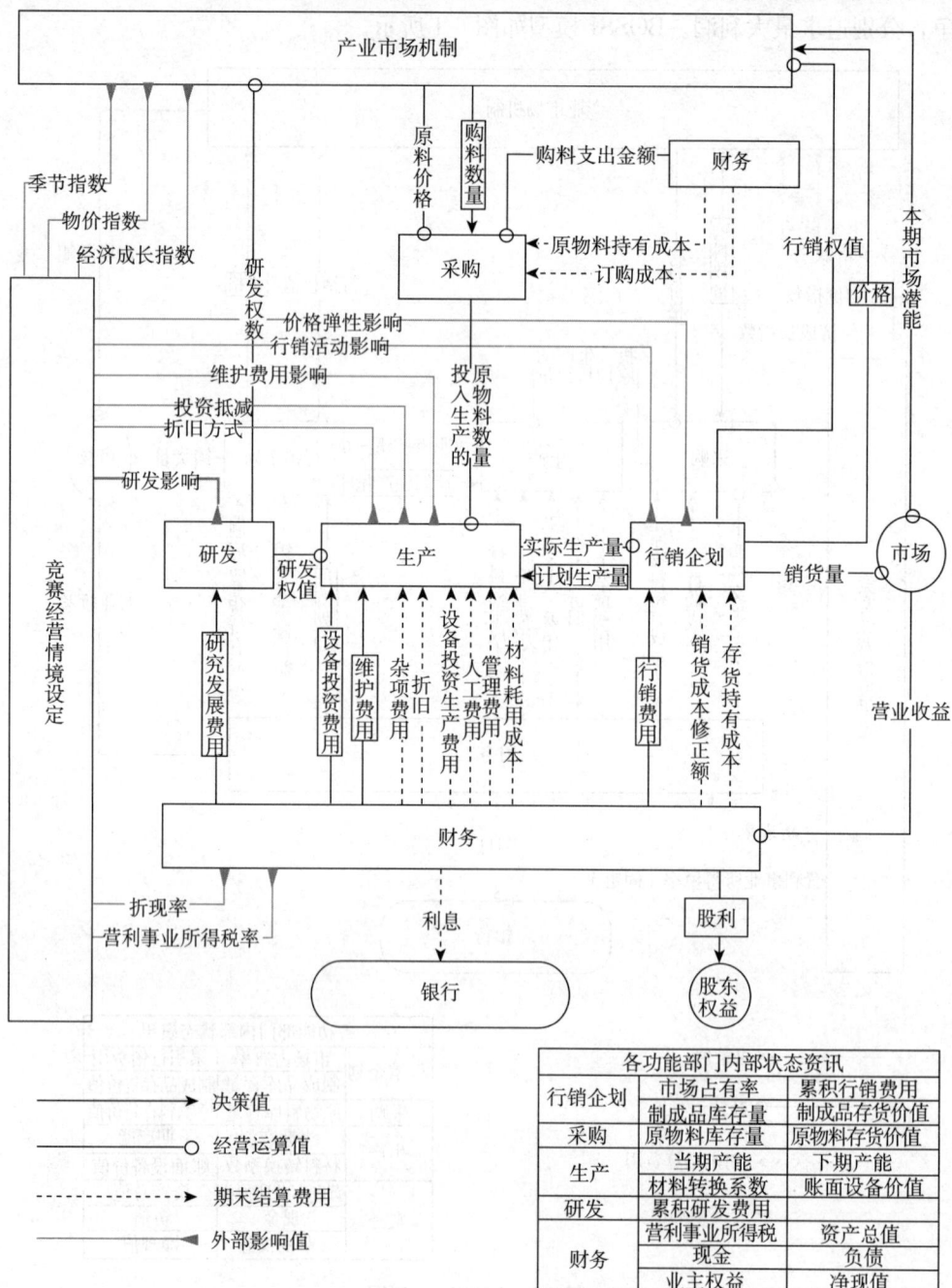

	各功能部门内部状态资讯	
行销企划	市场占有率	累积行销费用
	制成品库存量	制成品存货价值
采购	原物料库存量	原物料存货价值
生产	当期产能	下期产能
	材料转换系数	账面设备价值
研发	累积研发费用	
财务	营利事业所得税	资产总值
	现金	负债
	业主权益	净现值

图例：
- → 决策值
- ○→ 经营运算值
- ----→ 期末结算费用
- ▲ 外部影响值

图 6-2　BOSS2 模型图

(三) BOSS3

BOSS3 将 BOSS2 的单一市场销售扩展为多市场销售，假设北区、中区、南区及国外四处地区市场各有其不同市场属性、不同运费，应当区别考虑。此模式最大的特色在于企业应如何运用有限资源，适当取舍各地市场，以做出最佳投资决策。BOSS3 模型如图 6-3 所示。

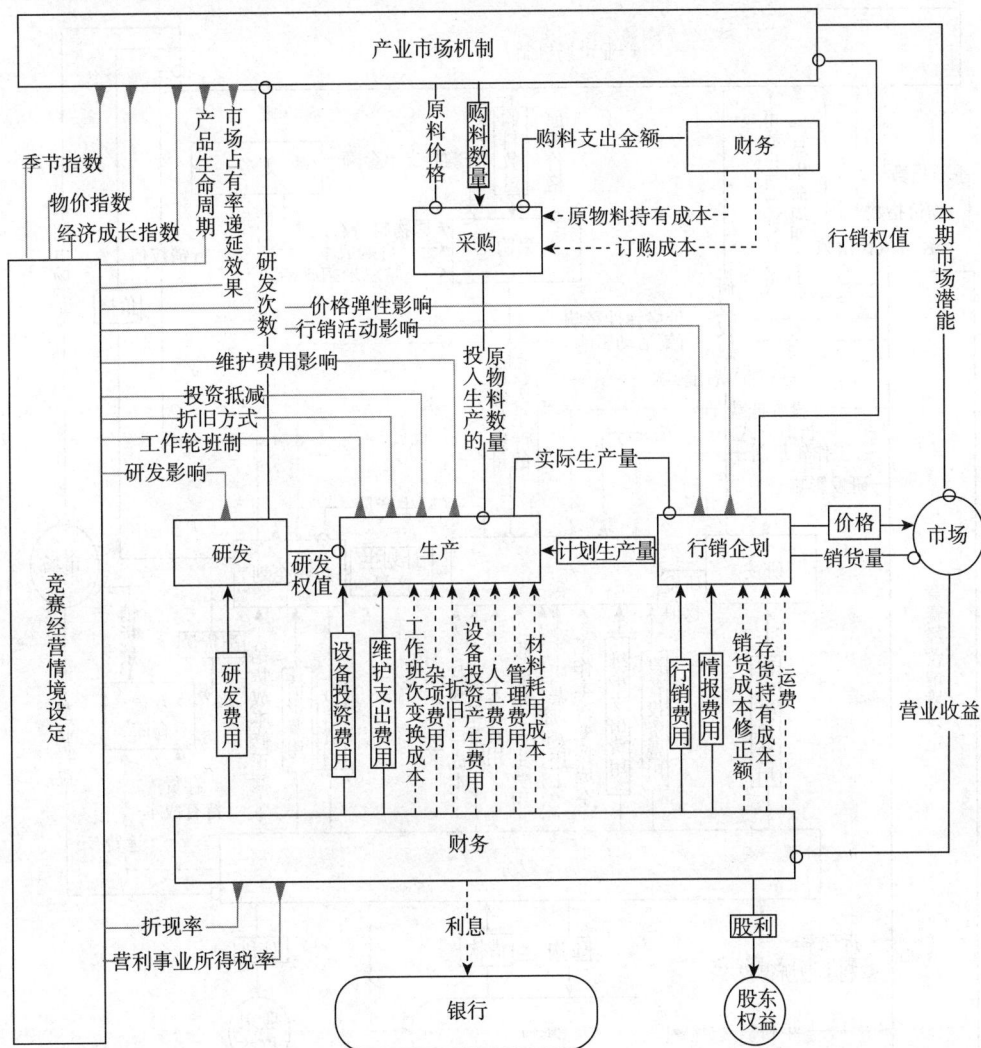

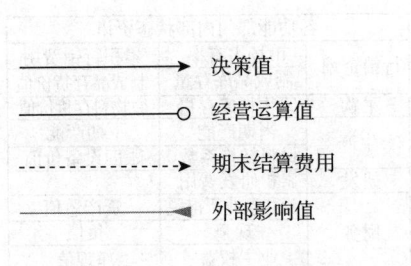

图 6-3　BOSS3 模型图

（四）BOSS4

BOSS4 除了具备多市场之外，又增设了地区成品仓库，从而衍生出仓储分配量的决策项目，决策项目增加到 18 项。该模式提供了一组职能部门的绩效评估系统，便于学生进行职务分工及绩效评估。BOSS4 模型如图 6-4 所示。

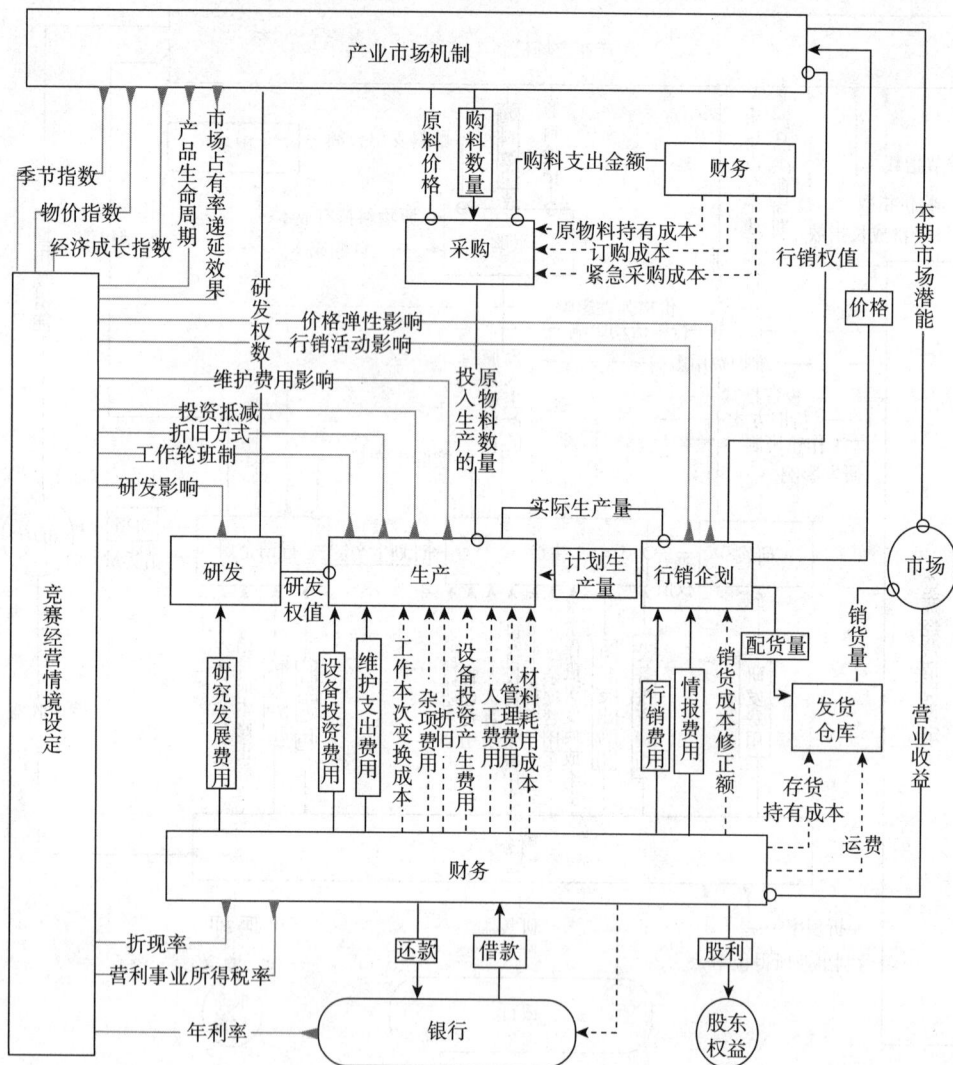

图 6-4 BOSS4 模型图

(五)四种竞赛模式对比

四种竞赛模式对比见表 6-1。

表 6-1　四种竞赛模式比较

模式特性	BOSS1	BOSS2	BOSS3	BOSS4	备注
自制自销单一产品产业	●	●	●	●	
单一市场销售	●	●			
多市场销售			●	●	分成北区、中区、南区、国外四个市场
决策数目	4	8	14	18	
决策项目：					
价格	●	●	●	●	BOSS3、BOSS4 各四项
行销费用	●	●	●	●	BOSS3、BOSS4 各四项
研究发展费用		●	●	●	
维护费用		●	●	●	
设备投资支出		●	●	●	
计划生产量	●	●	●	●	BOSS4 四项
仓储分配量				●	BOSS4 四项
股利		●	●	●	
购料数量/价值	●	●	●	●	
借(还)款				●	
产业特性参数：					
投资抵减		●	●	●	
加速折旧		●	●	●	
税率水准		●	●	●	
价格弹性		●	●	●	BOSS3、BOSS4 考虑个别市场之价格弹性
行销活动影响		●	●	●	BOSS3、BOSS4 考虑个别市场行销活动重要程度
研发活动影响		●	●	●	
维护工作影响		●	●	●	
市场占有率递延效果				●	
产品生命周期指数			●	●	
行销研发费用门槛效应				●	
企业特性参数：					
轮班生产			●	●	
举债经营				●	
银行利率变动				●	
地区市场发货仓库设置				●	
原物料紧急采购				●	
原料市价变动				●	
功能部门绩效评估				●	
情报资讯交易				●	

二、Top-Boss 的运行流程

Top-Boss 的运行流程如图 6-5 所示。

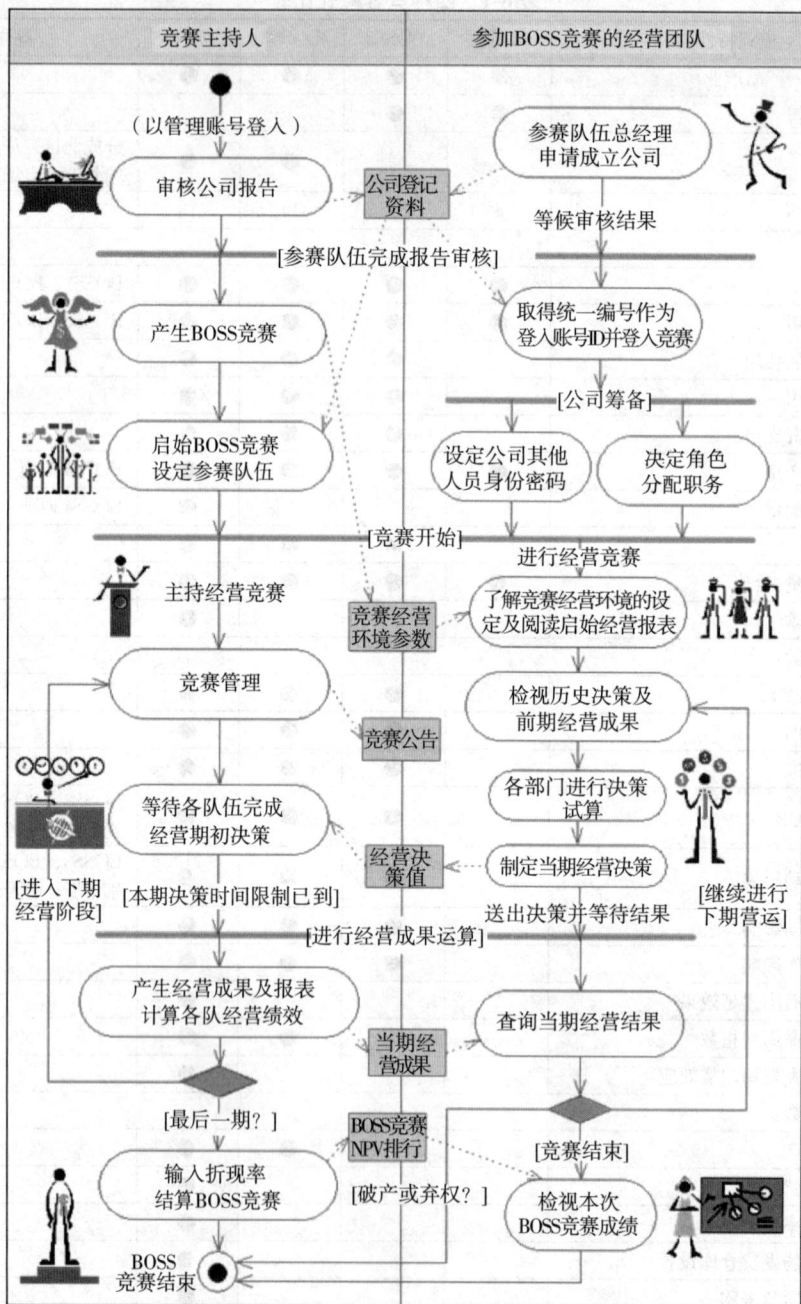

图 6-5　Top-Boss 运行流程

具体流程和步骤可以概括如下：

(1)公司申请登记，填写公司名称、简介、设置密码等，填好后送出申请，等待指导教师审核。

（2）公司申请审核通过之后，先以总经理身份登入。

（3）总经理首次登入之后进行公司基本资料的设置。

（4）各个部门主管登入系统，查看角色说明、竞赛规则、竞赛背景资料等。

（5）各部门主管查看相应的信息，并提取有价值的信息，分析内部以及对手，对下期进行预测。

（6）总经理进行战略部署，各部门在此战略引导下根据预测信息进行决策，总经理协调各部门，然后对初步决策展开讨论，得出中级决策，再次征求各部门意见，做出最终决策，并提交。等待下期运算结果，然后再次进行步骤（5）、步骤（6），如此循环下去。

（7）当竞赛期数达到竞赛主持人（指导教师）预先设定的期数后，竞赛主持人输入折现率进行期末结算，各个公司可以看到最终的竞赛成绩，结束竞赛。

第三节　Top-Boss 的决策项目与胜负标准

一、Top-Boss 的决策项目

Top-Boss 2005 软件系统共有产品价格、行销费用、设备投资支出、计划生产量/仓储分配量、研究发展费用、原材料采购、银行借款、股利发放等项决策，需要学生完成。Top-Boss 系统分为 4 个决策、8 个决策、14 个决策与 18 个决策 4 种决策模式，其中，BOSS1 共需要做出 4 个决策，BOSS2 共需要做出 8 个决策，BOSS3 共需要做出 14 个决策，BOSS4 共需要做出 18 个决策。指导教师可以采取逐步增加教学内容的方式对不同的学生对象或者不同的教学内容，采用以上 4 种模式的任何一种进行教学，但是进行正式竞赛时一般选择 BOSS4（18 个决策）。下面主要介绍 BOSS4（18 个决策），如表 6-2 所示。

表 6-2　BOSS4 决策项目表

决策项目	项目数	决策项目	项目数
价格	4	行销费用	4
计划生产量/仓储分配量	4	研究发展费用	1
维护费用	1	设备投资支出	1
购料数量	1	股利	1
借（还）款金额	1		

其中，价格决策项目数为 4 个，因为产品有 4 个销售市场，可以设定 4 个不同的价格；计划生产量/仓储分配量决策项目数为 4 个，因为 4 个市场有 4 个不同的仓库；同样，行销费用决策项目数也为 4 个，因为 4 个市场可以进行不同的营销策略，投入不同的行销费用；维护费用、购料数量、借（还）款金额、研究发展费用、设备投资支出和股利各有 1 个决策项目，共计 18 个决策项目。

二、Top-Boss 的胜负标准

Top-Boss 系统运行结束时会出现两种结果——正常运营和破产。

(1)正常运营。竞赛主持人进行期末结算后会产生各公司经营结果汇总表，在该报表中，竞赛名次的排序是依据 NPV 值高低而定的，而 NPV 值是由下面的计算公式得到的：

$$\text{NPV 值} = \sum_{i=1}^{n-1} \frac{\text{第 } i \text{ 期股利}}{(1+k/4)^i} + \frac{\text{第 } n \text{ 期股利} + \text{第 } n \text{ 期期末经济权益}}{(1+k/4)^n} - \text{期初业主权益}$$

式中，n 代表竞赛期数；k 代表折现率，由竞赛主持人来决定；期末经济权益＝期末业主权益－设备账面价值＋设备重置成本。

(2)破产。公司由于经营不善，而造成总负债超过业主权益 10 倍以上时，系统将自动宣告该公司破产，并于当期经营报表上公告，此时该竞赛公司将被迫退出此次竞赛，无法再参加之后的各期经营竞赛。

第七章

企业运营模拟系统管理者操作规则

一、竞赛管理功能与流程

(一)Top-Boss 竞赛管理规则

Top-Boss 竞赛的进行以三个月为一个经营周期,由竞赛企业在每一期的期初根据上期期末的经营成果进行分析和预测,做出该期的决策,然后送出经营决策值,竞赛管理者(主持人)等到各家公司的决策值都送出后进行该期的经营成果运算,再继续由各家公司进行下期决策,一直到竞赛管理者(主持人)宣布竞赛停止,输入折现率,产生各家企业的 NPV,以此值大小决定竞赛的排名。同时,也要符合下列竞赛规则:

(1)一场 Top-Boss 竞赛的进行至少需要 2 家以上的企业参加,最多 10 家。

(2)每个参赛企业(竞赛者)同时只能参加一场进行中的 Top-Boss 竞赛。

(3)各家企业生产的商品只有一种。

(4)商品价格的单位是美元,销售价格必须在 3~9 美元。

(5)企业的负债若超过业主权益 10 倍,即视为破产,必须退出竞赛。

(6)竞赛的胜负标准为结算后的 NPV 大小。

(二)竞赛管理者的主要功能

Top-Boss 提供给系统管理员或竞赛管理员(主持人)专用的管理界面以及支持经营模拟竞赛进行的各项功能如下:

(1)处理竞赛者的报名事宜。

(2)设定系统的相关执行参数。

(3)竞赛主持人根据给定的经营条件产生竞赛。

(4)竞赛主持人把竞赛队伍安排加入竞赛。

(5)具有管理数个 Top-Boss 竞赛同时进行的功能。

(6)产生各期经营成果资讯、计算绩效指标与打印财务报表。

(7)竞赛主持人宣布竞赛结束、竞赛结算并产生竞赛的名次与各项绩效。

(8)管理历史竞赛。

(9)具有独立的管理账号，与竞赛端(客户端)的使用者账号分开。

（三）Top-Boss 竞赛管理流程

(1)参赛队伍通过客户端的报名画面申请成立公司，或由竞赛主持人按"公司管理"输入报名企业的资料。

(2)竞赛主持人按"公司管理"进行公司资格审核。

(3)竞赛主持人按"产生竞赛"设定 Top-Boss 竞赛的经济环境、市场条件与经营参数。

(4)竞赛主持人按"启始竞赛"，将参赛的队伍加入 Top-Boss 竞赛。竞赛开始，进入第 0 期末第 1 期初的决策阶段。

(5)竞赛主持人按"主持竞赛"选择进行中的各场 Top-Boss 竞赛作管理。

(6)竞赛主持人按"期末结算"，宣布竞赛结束，输入折现率，然后进行竞赛结算，产生经营成绩(依 NPV 的大小排列)及公司各部门经营绩效的排名报表。

(7)竞赛主持人按"竞赛记录"查询过去举行过的历史竞赛的结果。

二、系统进入验证

第一步：竞赛管理者(主持人)打开 IE 浏览器，在地址栏中输入相应的管理端地址，如http://192.168.26.40：1314(注意：该地址可能随着系统服务器 IP 地址的改变而有所变化，可以从系统管理员处获得最新的地址)，如图 7-1 所示。

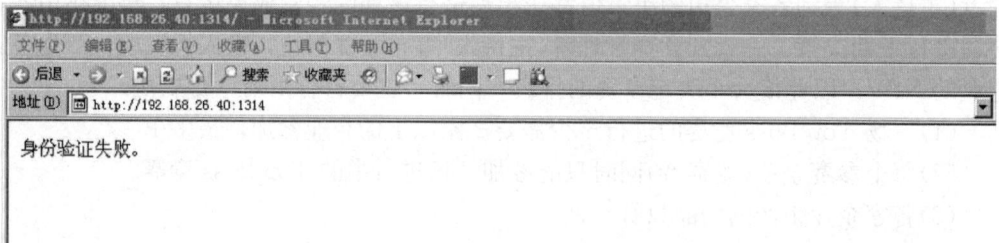

图 7-1　IE 登入界面

如果从 IE 浏览器连接成功，则会出现一个系统登入画面，如图 7-2 所示。

第二步：请输入竞赛管理者者用户名与密码(初始预设值为 admin 及 Top-Boss)，验证成功后将进入竞赛管理员操作画面的首页。您可以选取"记忆我的密码"，让计算机在下次进入时记住您的密码，如图 7-3 所示。如果连续三次输入错误，将会出现"Authentication Failed."的错误信息。

如果竞赛管理者输入的用户名和密码正确，则系统进入管理者操作主界面，如图7-4 所示。

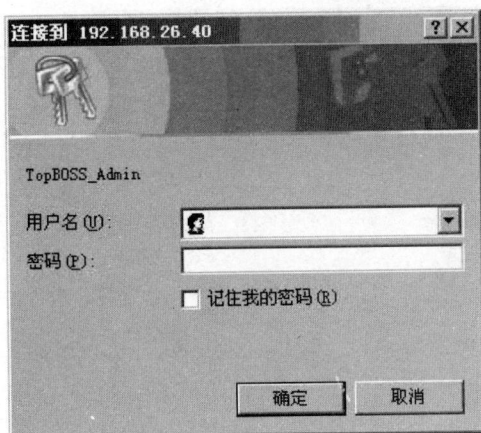

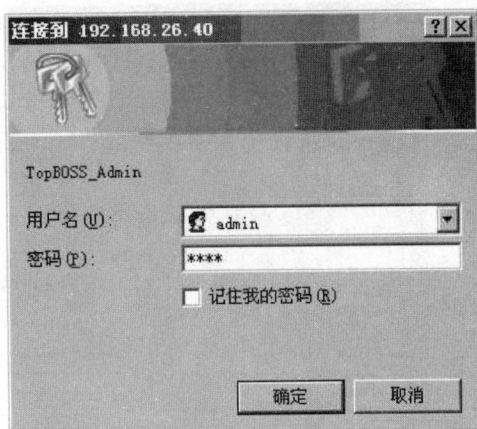

图 7-2　登入窗口　　　　　　　　　图 7-3　输入管理者用户名和密码

图 7-4　管理者操作主界面

第二节　Top-Boss 竞赛公司管理

一、公司资格审核

第一步：鼠标左键单击竞赛管理者主界面上的"公司管理"，审查申请公司资格，如图 7-5 所示。

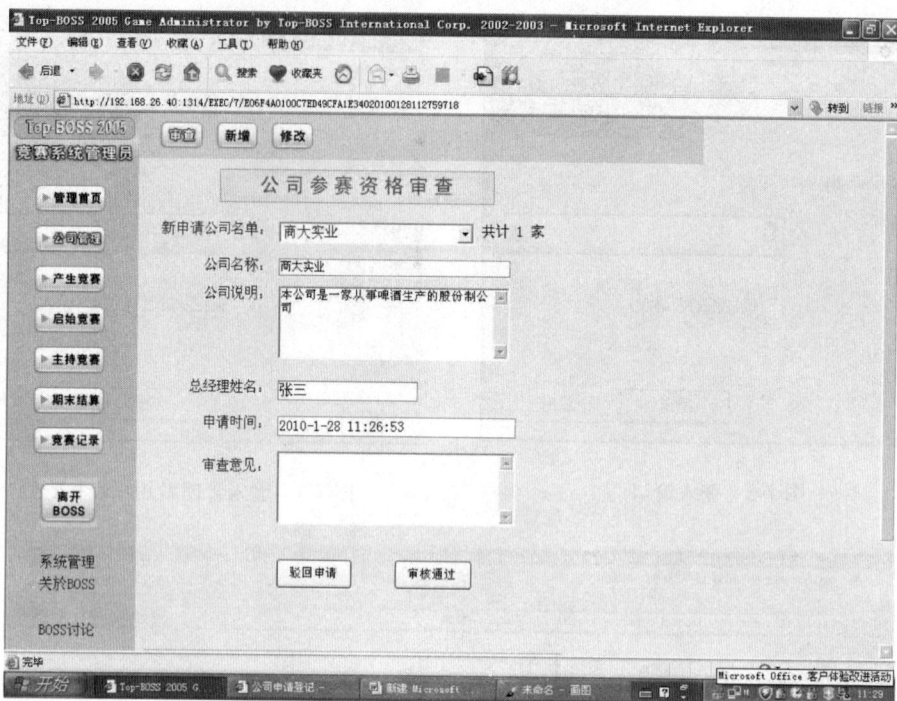

图 7-5　审查申请公司资格

第二步：在"新申请公司名单"中选择一家公司，如商大实业，如果审核通过，请单击"审核通过"按钮，如图 7-6 所示。

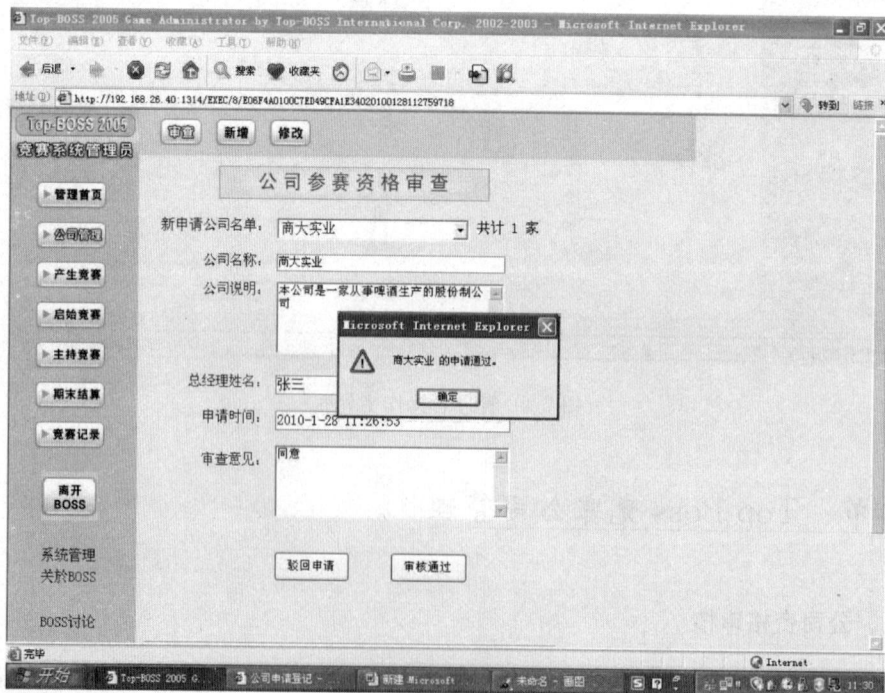

图 7-6　审核通过图示

第三步：鼠标左键单击"确定"按钮，完成该申请公司资格审查，此时，参加竞赛的公司可以在客户端输入公司名称和密码查询公司统一编号。

二、公司资料更新

第一步：在竞赛主持人操作主界面上，单击"公司资料"按钮，如图 7-7 所示。

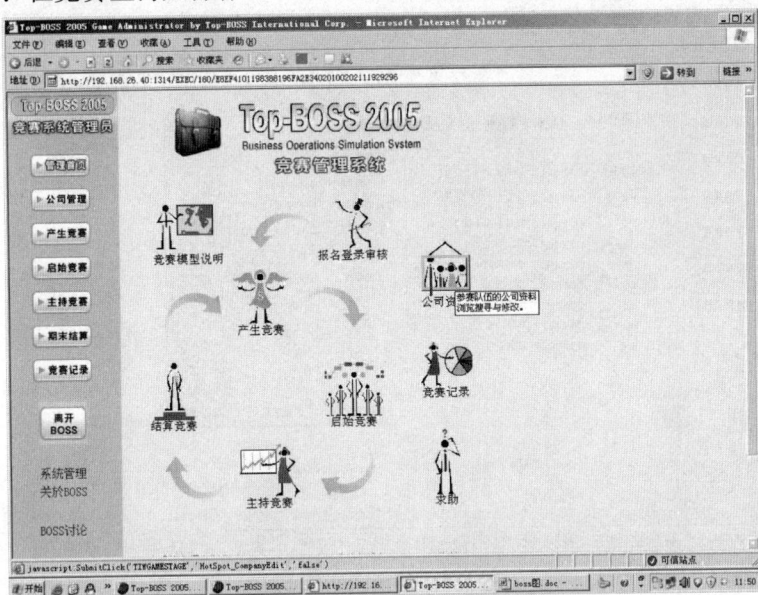

图 7-7　公司资料管理

第二步：如果竞赛主持人要撤销某家公司的参赛资格，可以选择该公司，然后单击"撤销登记"按钮，如图 7-8 所示。

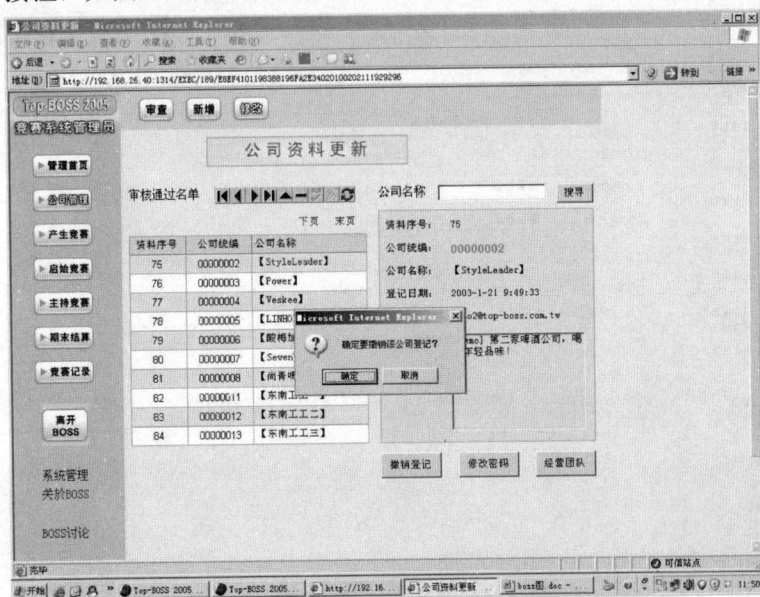

图 7-8　撤销登记

第三步：鼠标左键单击"确定"按钮后，被选择公司的资格将在系统中被撤销。

第四步：如果竞赛主持人要修改公司的密码，可以选择该公司，如完美事业公司，如图 7-9 所示。

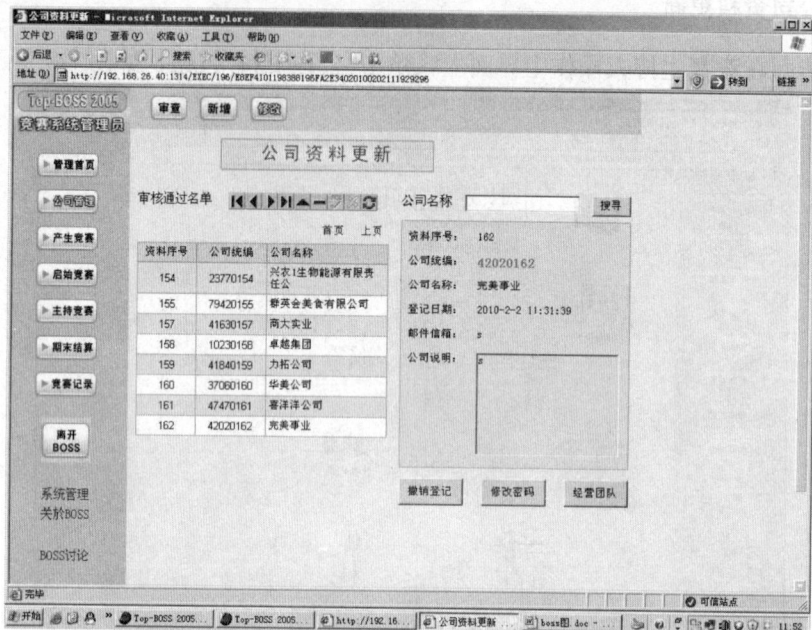

图 7-9　公司密码修改

第五步：鼠标左键单击"修改密码"按钮，进入以下界面，输入新密码并再次输入密码确认后，单击"确认修改"按钮，如图 7-10 所示。

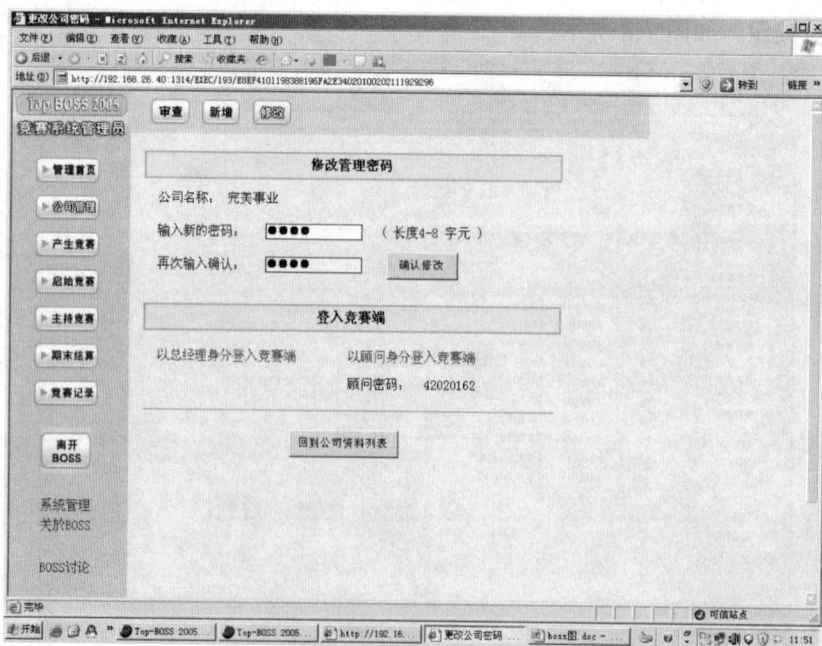

图 7-10　修改管理密码

第六步：界面显示"密码变更成功"，单击"确定"按钮，完成密码修改，如图 7-11 所示。

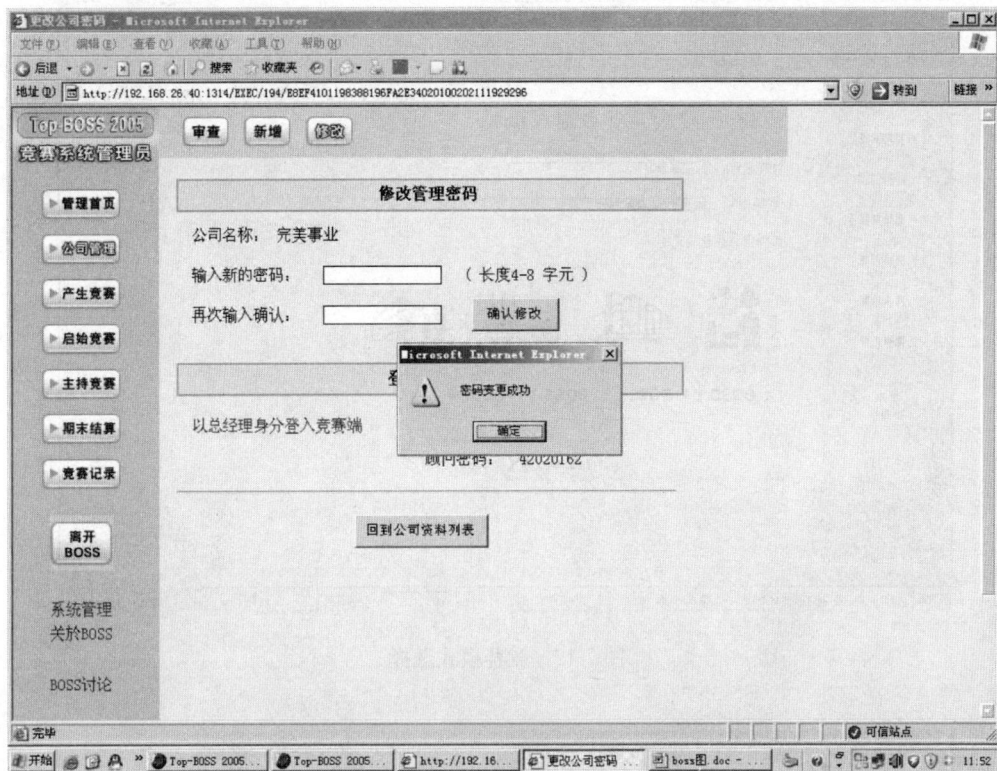

图 7-11　密码变更成功

第三节　Top-Boss 竞赛产生与运行

一、产生竞赛

竞赛主持人单击"产生竞赛"，设定 Top-Boss 竞赛的经营参数。

第一步：设定竞赛名称与模式，输入竞赛名称和竞赛说明，选择企业经营模式。指导教师可以根据学生情况和教学计划确定其中一种经营模式，一般选择 BOSS4 模式，单击"下一步"按钮，如图 7-12 所示。

第二步：设定总体经济环境，包括经济成长指数、季节指数和通货膨胀幅度，单击"下一步"按钮，如图 7-13 所示。

第三步：设定税率资料，包括投资抵减（tax credit）、税率水准、折旧方式以及贷款年利率等，单击"下一步"按钮，如图 7-14 所示。

图 7-12 竞赛模式选择

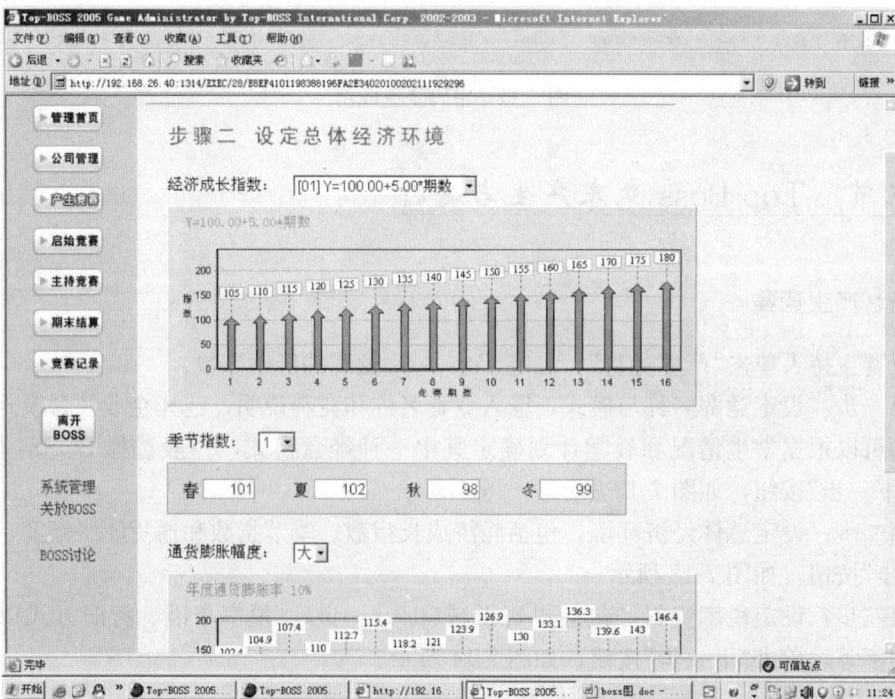

图 7-13 总体经济环境设定

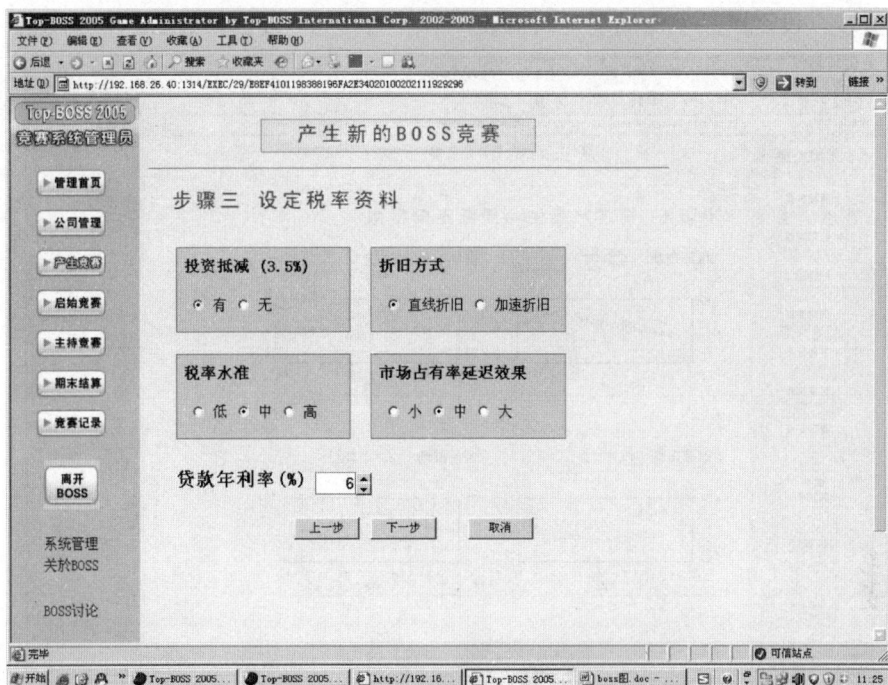

图 7-14 税率资料设定

第四步：设定产业背景与企业内部资料，包括价格弹性、行销活动影响、研究发展影响、维护费用影响和生产方式，单击"下一步"按钮，如图 7-15 所示。

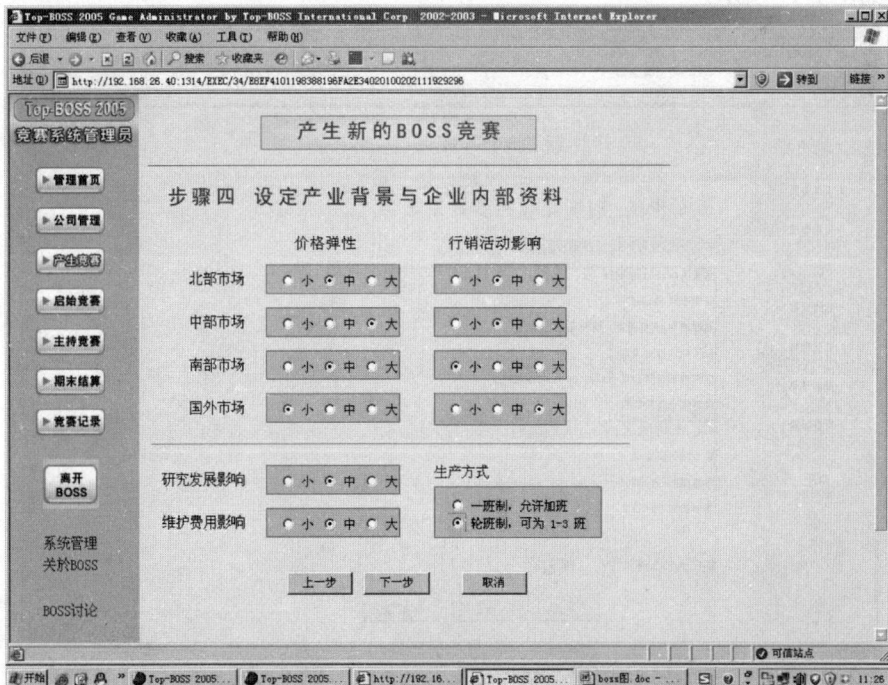

图 7-15 产业背景与企业内部资料设定

第五步：设定产品生命周期走向指数，单击"下一步"按钮，如图 7-16 所示。

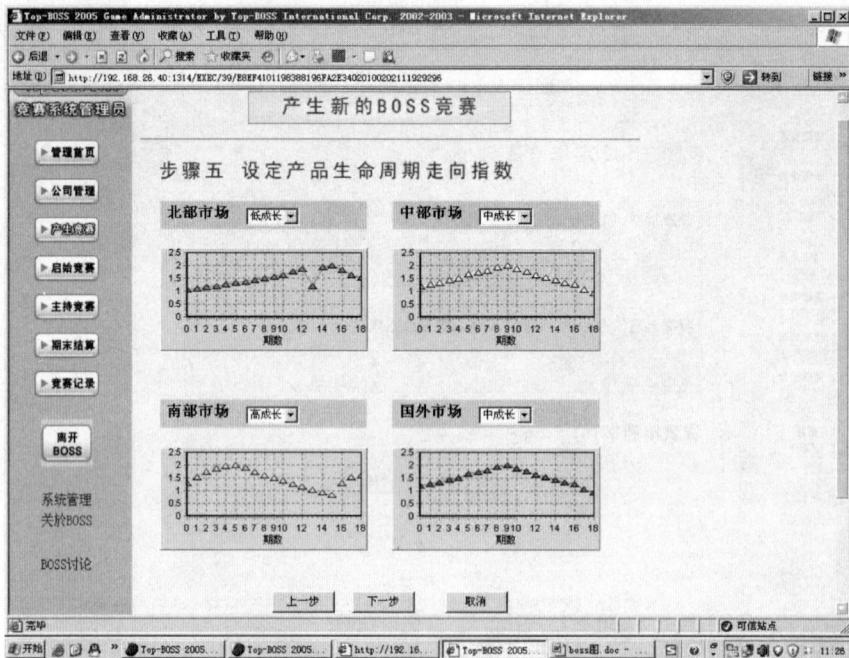

图 7-16　产品生命周期走向指数设定

第六步：确认竞赛的参数设定值，"参数值加入随机性?"项选择"是"，单击"完成"按钮，如图 7-17 所示。

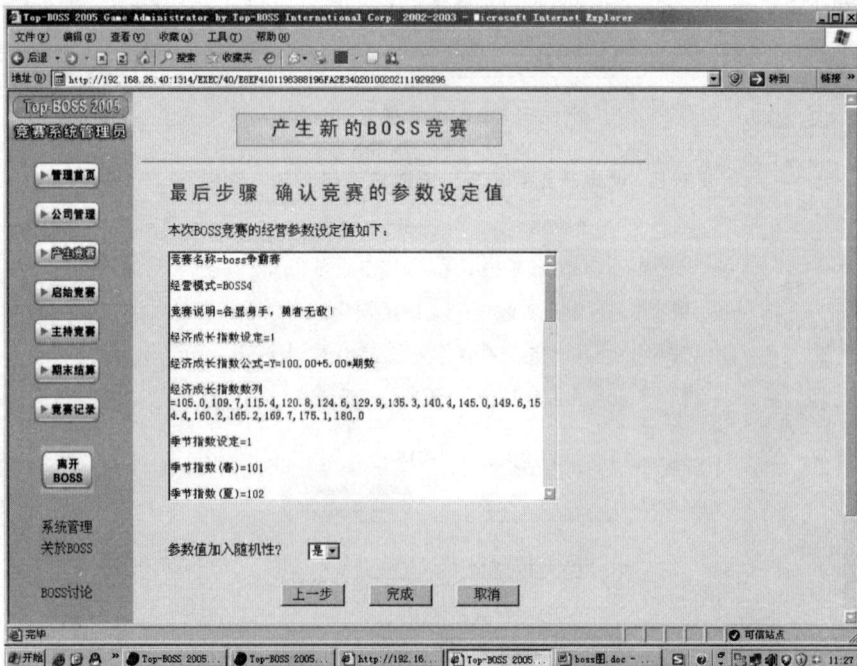

图 7-17　确定竞赛参数值

第七步：新的竞赛产生完成，如图 7-18 所示。

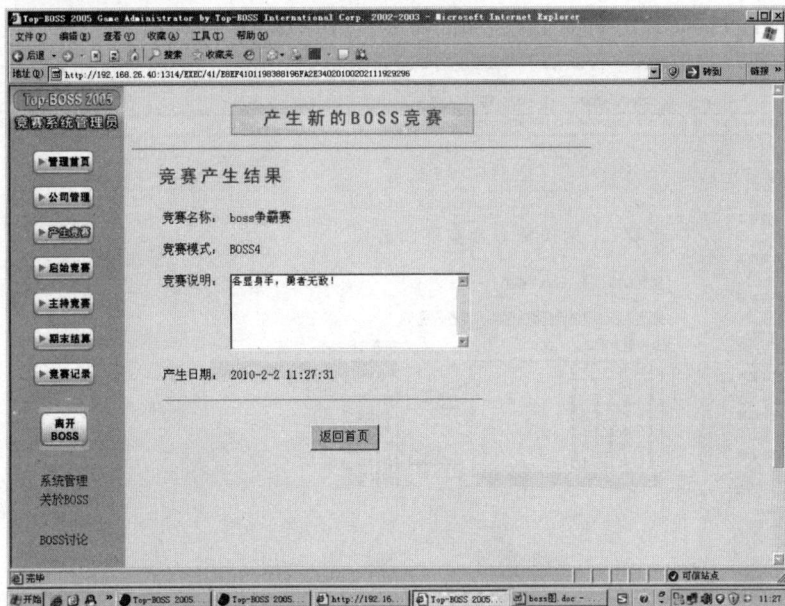

图 7-18　产生竞赛完成

二、启始竞赛

竞赛主持人单击"启始竞赛"按钮，具体步骤如下：

第一步：选择尚未开始的 BOSS 竞赛，当然如果想取消竞赛，可以单击"删除竞赛"按钮，否则单击"下一步"按钮，如图 7-19 所示。

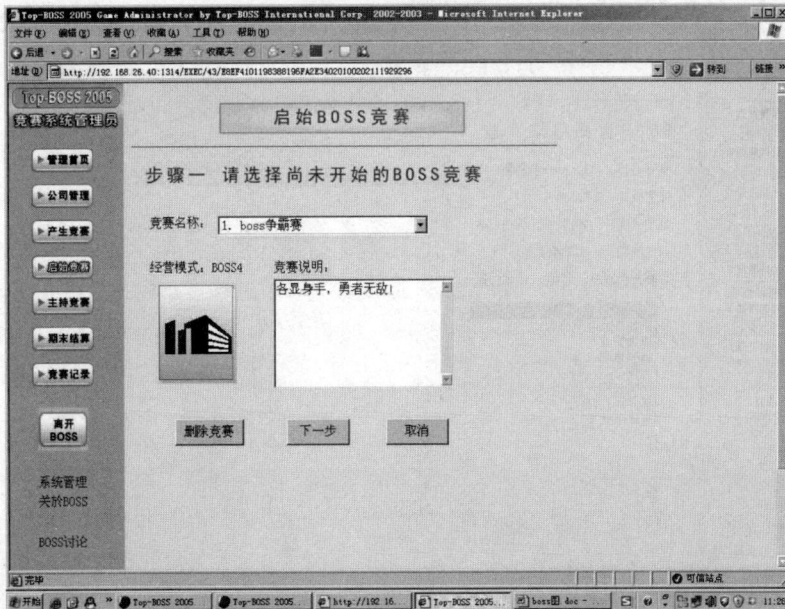

图 7-19　启始 BOSS 竞赛

第二步：选择参加竞赛的公司，点击向右的箭头，直到欲参加竞赛的所有公司都显示在界面右边的参赛公司名单中，单击"确定"按钮，如图 7-20 所示。

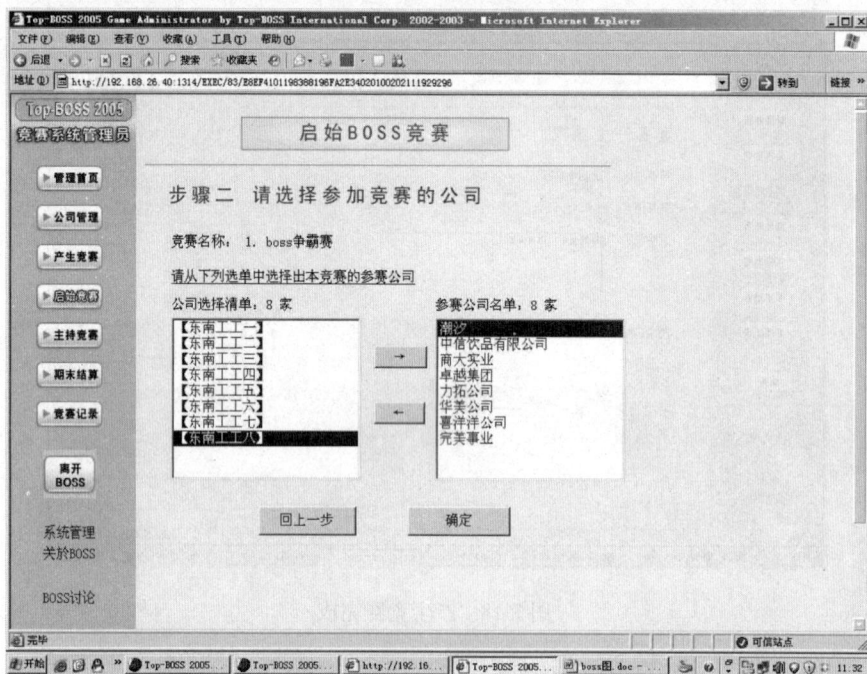

图 7-20 添加竞赛公司

第三步：设定的 BOSS 竞赛启始完成，如图 7-21 所示。

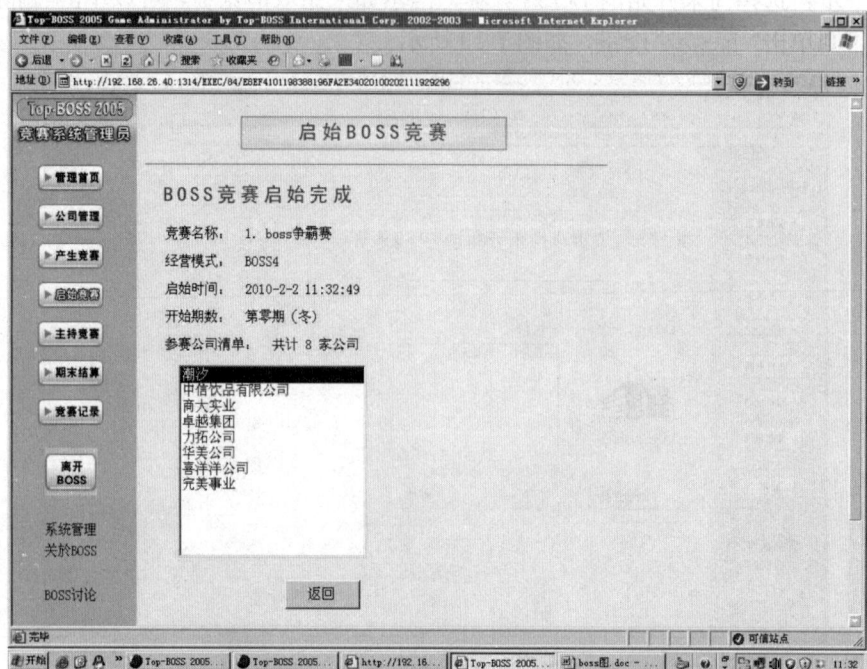

图 7-21 竞赛公司添加完成

三、主持竞赛

第一步：单击"主持竞赛"按钮，进入竞赛主持主界面，如图 7-22 所示。

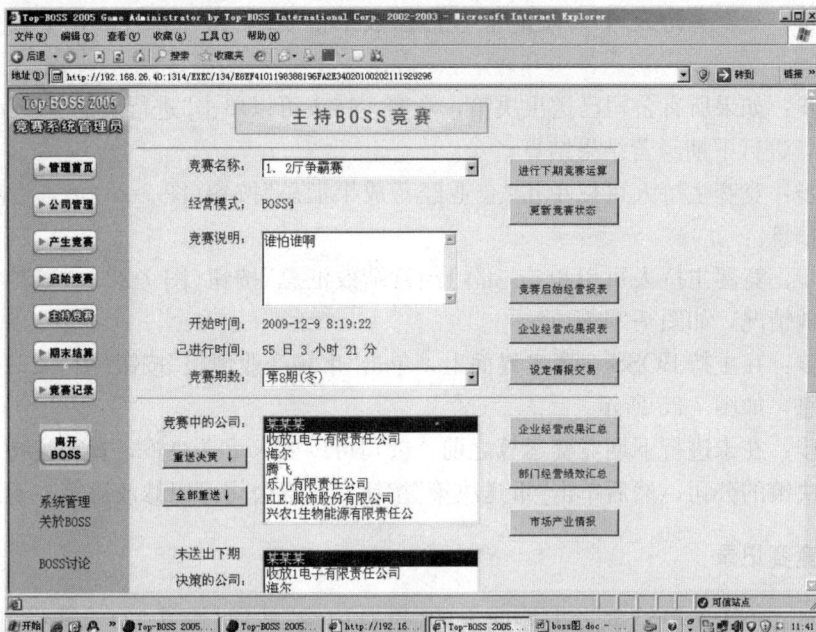

图 7-22　主持竞赛

第二步：竞赛主持人可以单击"设定情报交易"按钮（图 7-22），设定情报交易信息，如图7-23所示。

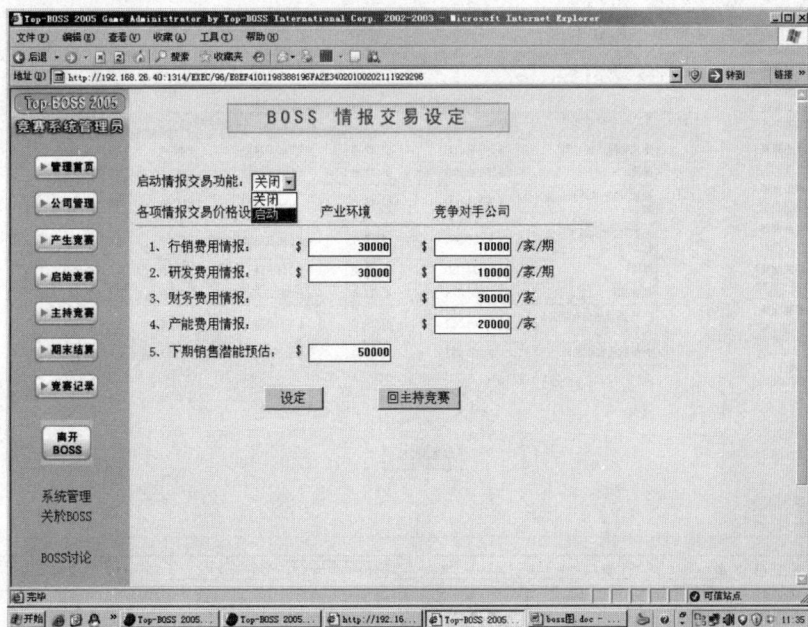

图 7-23　情报交易设定

第三步：竞赛主持人可以单击“更新竞赛状态”按钮(图 7-22)，查看当前送出决策和未送出决策的公司名单，竞赛主持人可以适当提醒未提交决策的公司在规定时间内送出决策值。

第四步：竞赛主持人可以单击“企业经营成果报表”按钮(图 7-22)，下载企业经营信息。

第五步：如果所有公司已送出决策，竞赛主持人可以单击“进行下期竞赛运算”按钮(图 7-22)，进行下期经营结果结算。

第六步：竞赛主持人可以单击“企业经营成果汇总”按钮(图 7-22)，查看各期经营成果汇总信息。

第七步：竞赛主持人可以单击“部门经营绩效汇总”按钮(图 7-22)，查看各公司部门经营绩效情况，如图 7-24 所示。

第八步：在主持 BOSS 竞赛主界面上，单击“市场产业情报”按钮(图 7-22)，查看产业情报信息，如图 7-25 所示。

第九步：在未进行下期竞赛运算之前，公司可以要求重送决策，竞赛主持人先选择需要重送决策的公司，然后单击“重送决策”按钮，竞赛公司可以修改决策，重新提交。

四、竞赛记录

第一步：单击竞赛管理者主界面上的“竞赛记录”按钮(图 7-22)，选择竞赛名称，单击“净现值排行”按钮，查询公司经营排名情况。

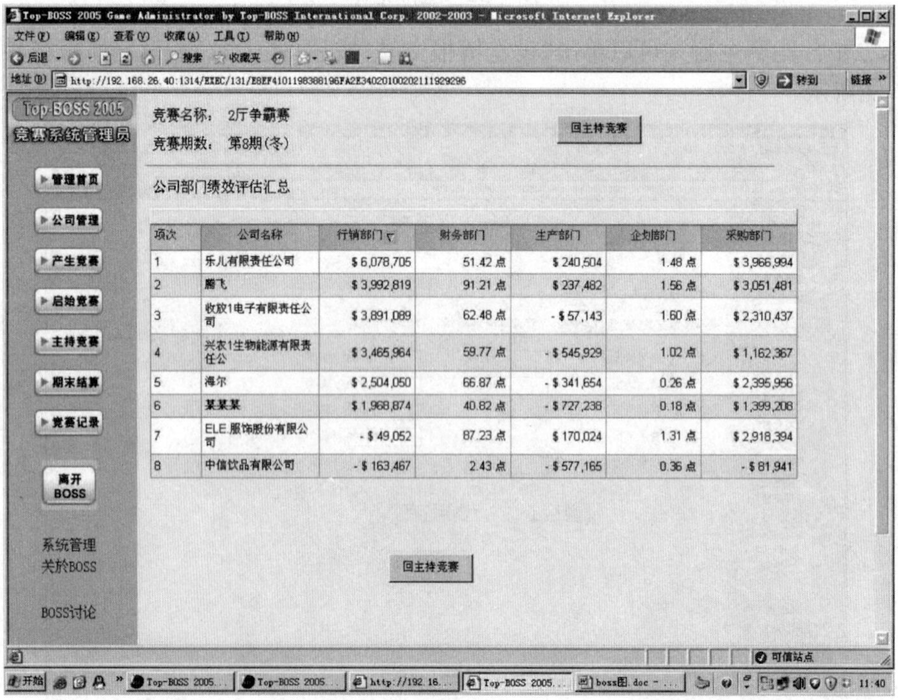

项次	公司名称	行销部门	财务部门	生产部门	企划部门	采购部门
1	乐儿有限责任公司	$ 6,078,705	51.42 点	$ 240,504	1.48 点	$ 3,966,994
2	腾飞	$ 3,992,819	91.21 点	$ 237,482	1.56 点	$ 3,051,481
3	收放1电子有限责任公司	$ 3,891,089	62.48 点	- $ 57,143	1.60 点	$ 2,310,437
4	兴农1生物能源有限责任公	$ 3,465,964	59.77 点	- $ 545,929	1.02 点	$ 1,162,367
5	海尔	$ 2,504,050	66.87 点	- $ 341,654	0.26 点	$ 2,395,956
6	某某某	$ 1,968,874	40.82 点	- $ 727,238	0.18 点	$ 1,399,208
7	ELE 服饰股份有限公司	- $ 49,052	87.23 点	$ 170,024	1.31 点	$ 2,918,394
8	中信饮品有限公司	- $ 163,467	2.43 点	- $ 577,165	0.36 点	- $ 81,941

图 7-24 部门绩效图

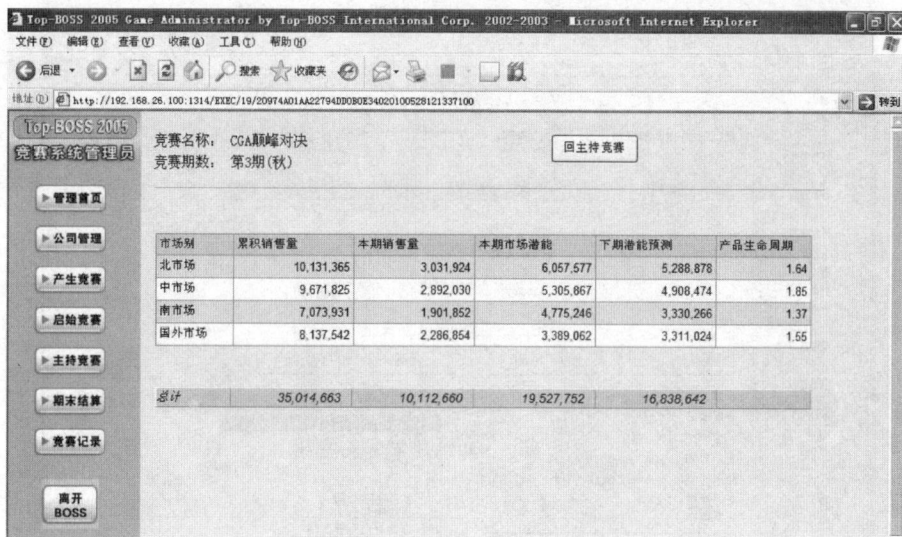

图 7-25　市场产业情报图

第二步：单击"关闭竞赛"按钮，进入如图 7-26 所示界面。

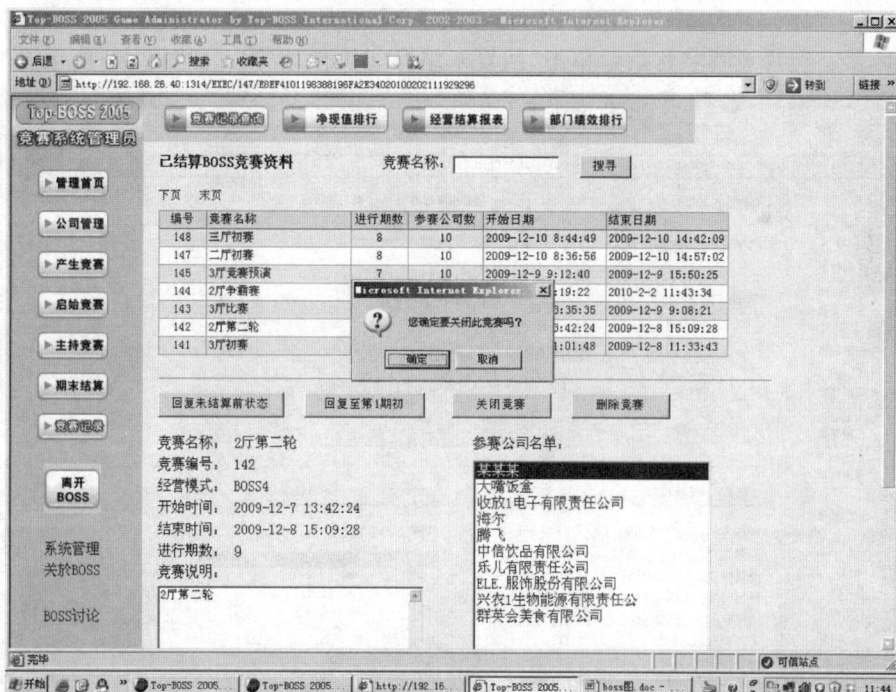

图 7-26　竞赛关闭图

第三步：单击"确定"按钮，关闭该竞赛，这样参加该竞赛的公司就可以重新参加其他竞赛，如图 7-27 所示。

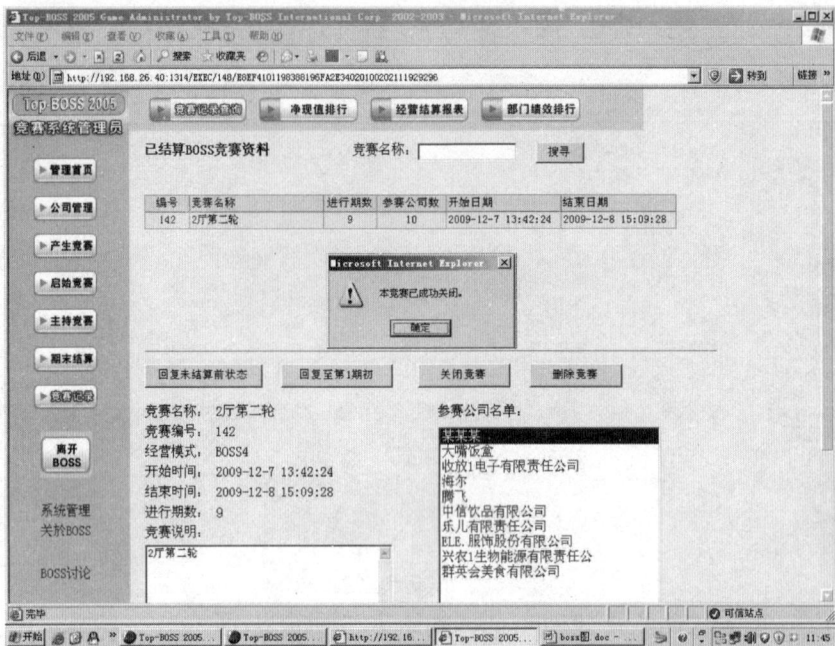

图 7-27　竞赛关闭成功

第四步：选择竞赛名称后，单击"回复未结算前状态"按钮，如图 7-28 所示。

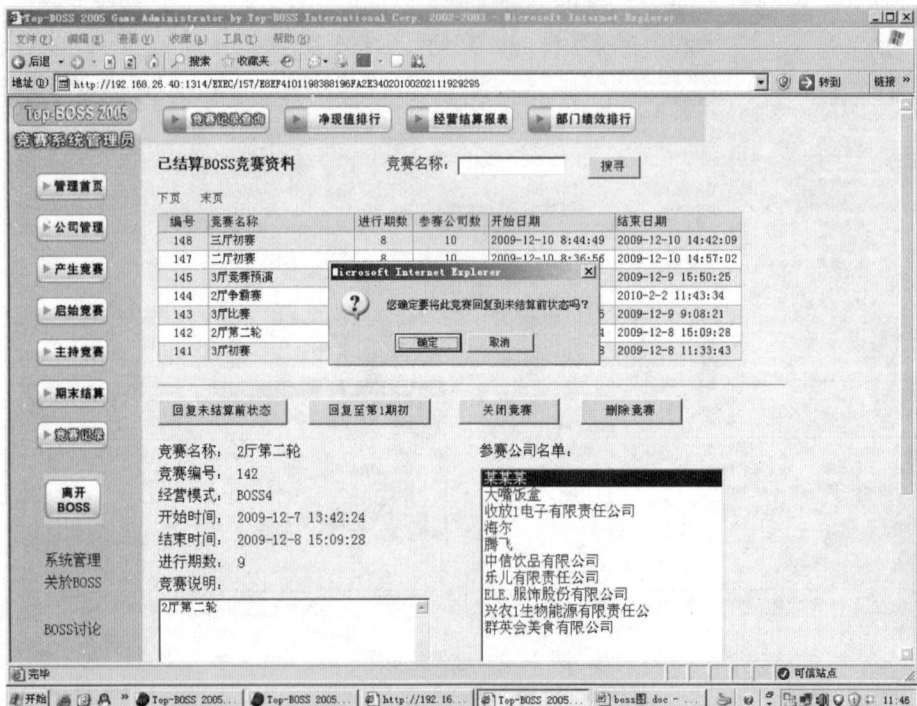

图 7-28　回复未结算前状态图

第五步：单击"确定"按钮，竞赛已回复到未结算状态，如图 7-29 所示。

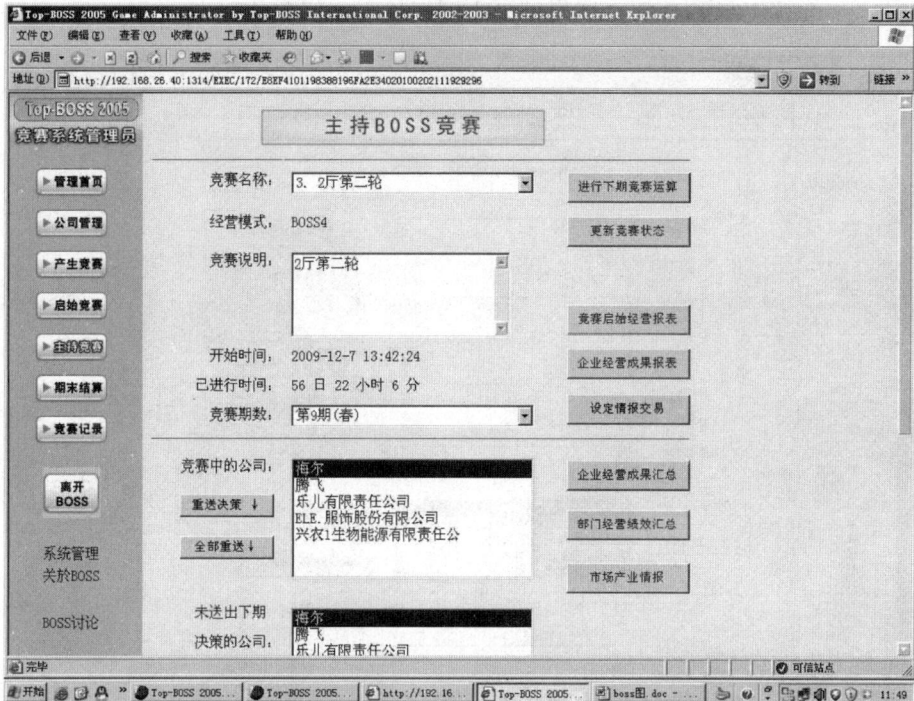

图 7-29 回复状态图

第六步：选择竞赛名称后，单击"回复至第 1 期初"按钮，如图 7-30 所示。

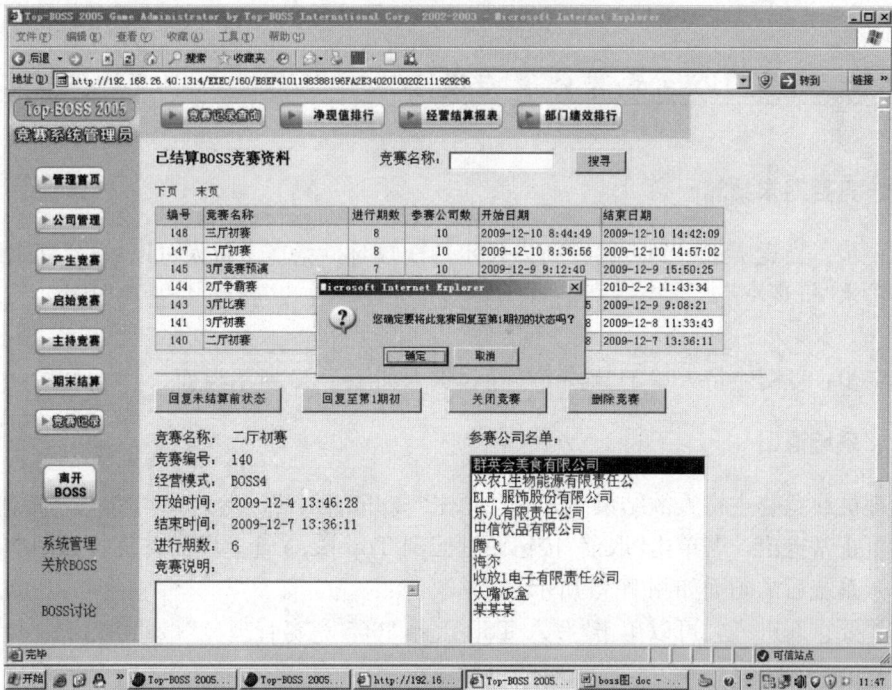

图 7-30 回复至第 1 期初状态图

第七步：单击"确定"按钮，回复到第 1 期初状态，如图 7-31 所示。

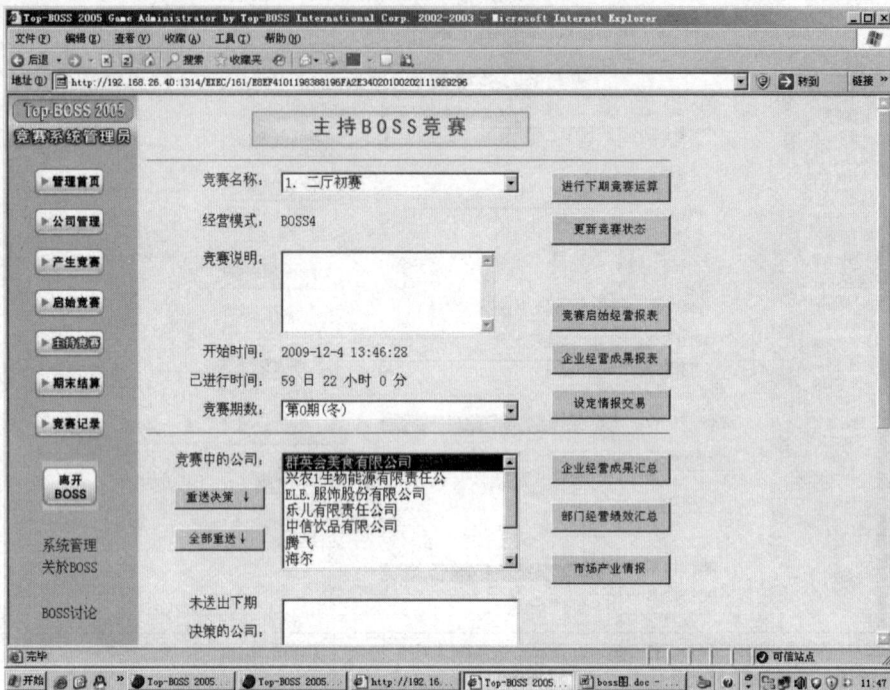

图 7-31　回复到第 1 期初状态

第四节　Top-Boss 竞赛结算与退出

一、竞赛期末结算

第一步：当竞赛进行到竞赛主持人设定的期数时，竞赛主持人可以单击"期末结算"按钮，输入"折现率"、选择竞赛名称后，单击"结算绩效"按钮，进入如图 7-32 所示界面。

第二步：竞赛主持人单击"确定"按钮，进入如图 7-33 所示界面。

二、系统退出

管理员或竞赛主持人欲结束离开时，单击"离开 BOSS"，然后单击"确定"按钮后本连线即可正常退出，若单击"取消"按钮，则回到 Top-Boss 管理界面首页，如图 7-34 所示。离开系统后的画面如图 7-35 所示。

如果要重新进入，可以单击"登入 Top-Boss 2005 竞赛管理员"，即可登录。

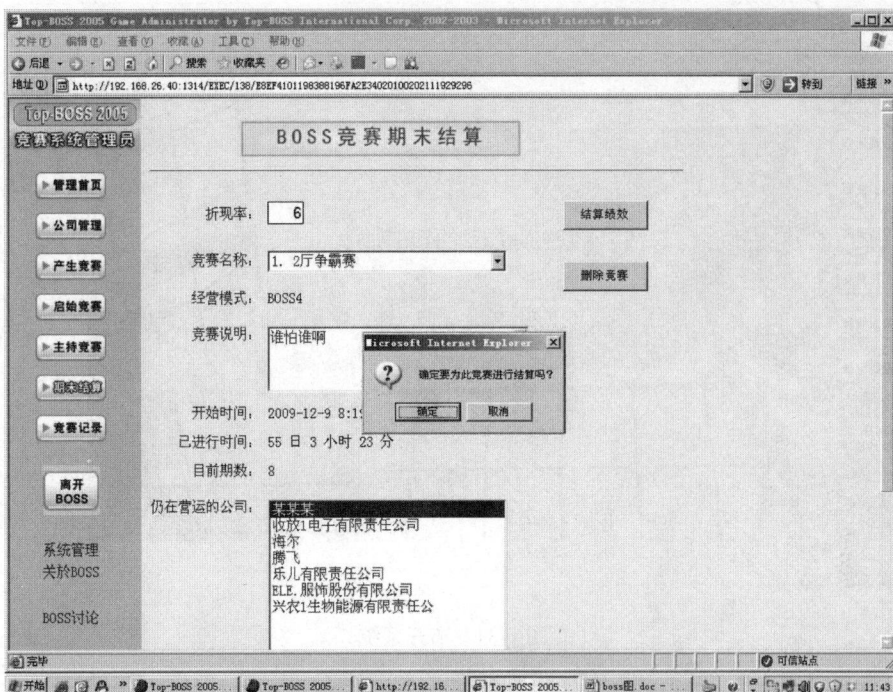

图 7-32 期末结算图

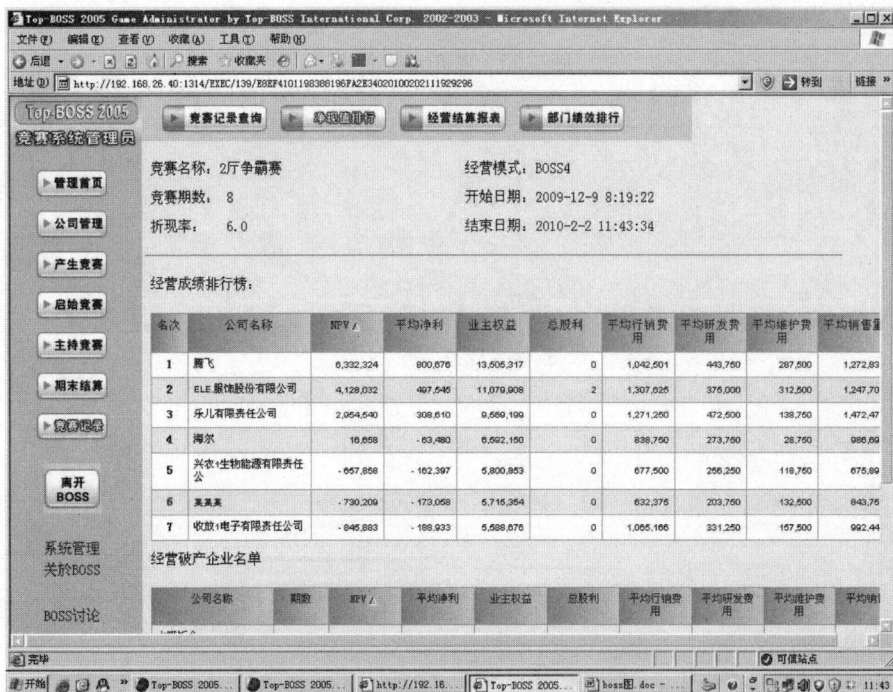

图 7-33 经营成绩排行榜

Top-BOSS 2005
竞赛系统管理员
管理首页
公司管理
产生竞赛
启始竞赛
主持竞赛
期末结算
竞赛记录
离开
BOSS
系统管理
关於BOSS
BOSS讨论
您确定要离开系统吗？
确定
取消

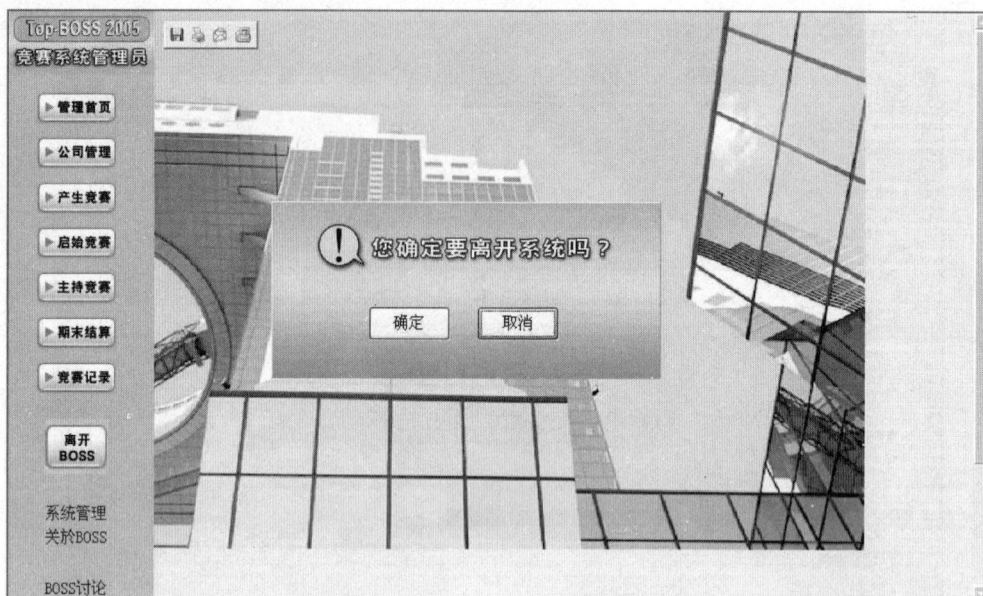

图 7-34 离开系统

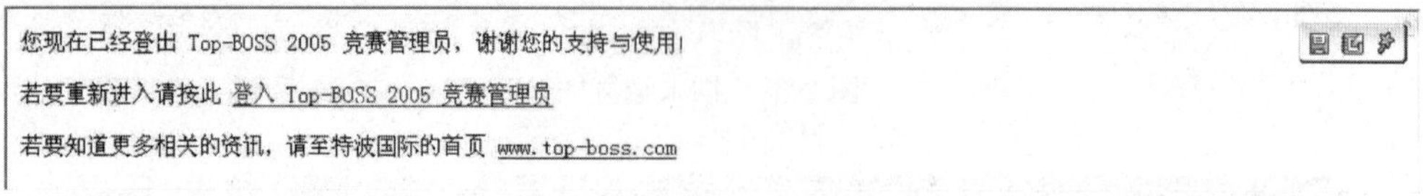
您现在已经登出 Top-BOSS 2005 竞赛管理员，谢谢您的支持与使用！
若要重新进入请按此 登入 Top-BOSS 2005 竞赛管理员
若要知道更多相关的资讯，请至特波国际的首页 www.top-boss.com

图 7-35 离开系统成功

第八章

企业运营模拟系统竞赛者操作规则

■ **第一节 Top-Boss 竞赛者进入**

一、申请新公司

第一步：总经理打开 IE 浏览器，在地址栏中输入相应的客户端地址，如http://192.168.26.40：1313(注意：该地址可能随着系统服务器 IP 地址的改变而有所变化，可以从竞赛主持人处获得最新的地址)，如图 8-1 所示。

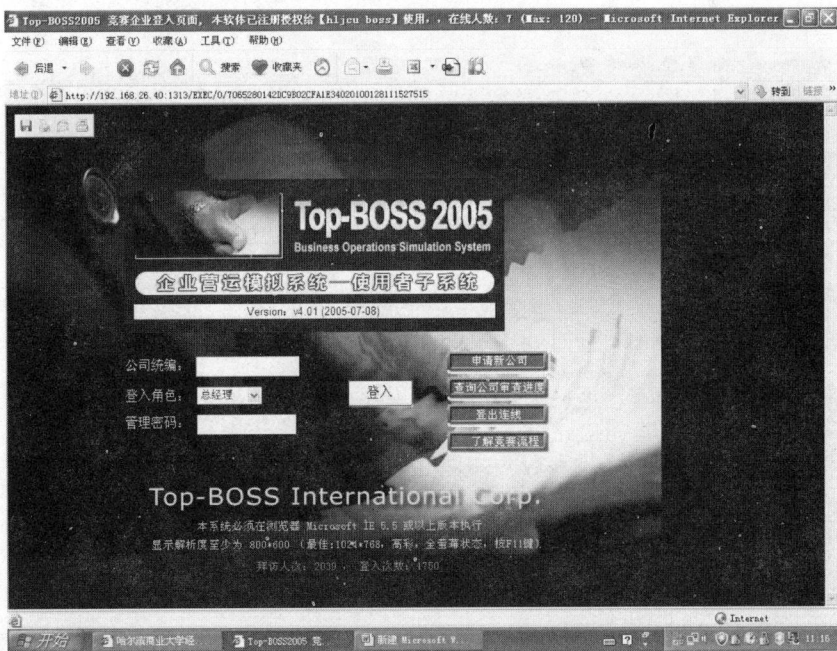

图 8-1　登录首页

第二步：鼠标左键单击"申请新公司"，进入如图 8-2 所示界面，在该界面中输入公司名称、公司简介、总经理姓名、E-mail、公司密码等信息（注意：公司密码请牢记，登入系统时需要用到）。

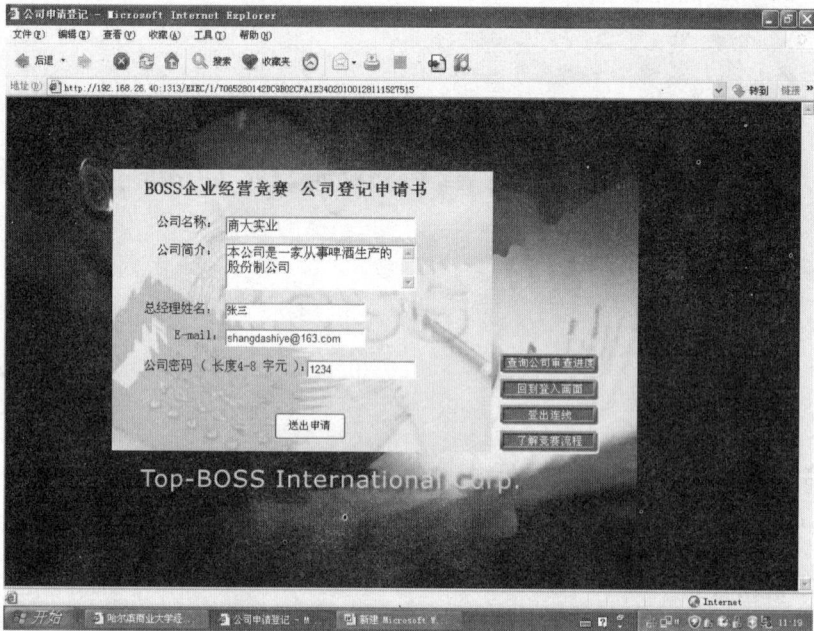

图 8-2　公司注册界面

第三步：鼠标左键单击"送出申请"按钮，进入如图 8-3 所示界面。

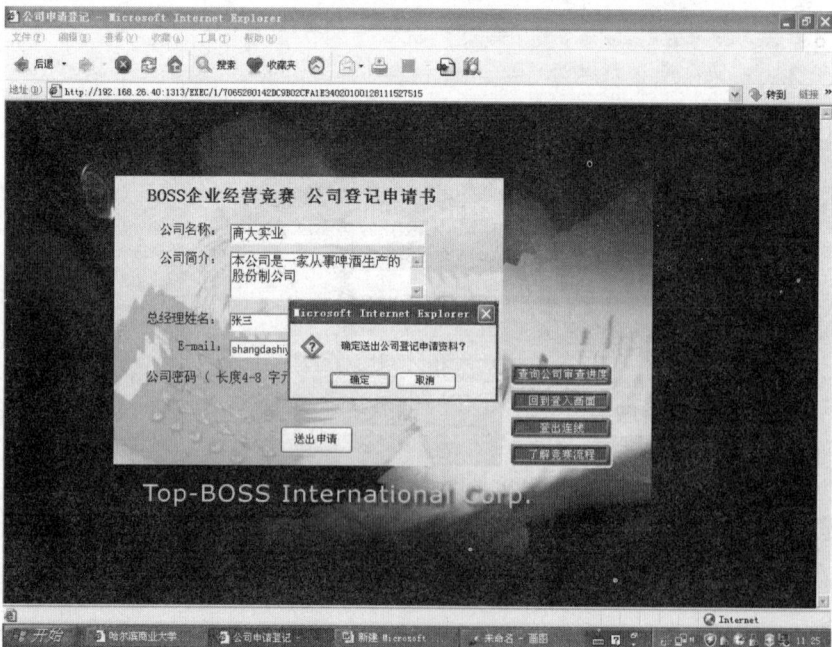

图 8-3　公司申请界面

第四步：鼠标左键单击"确定"按钮，进入如图 8-4 所示界面，等待竞赛主持人审核批准。

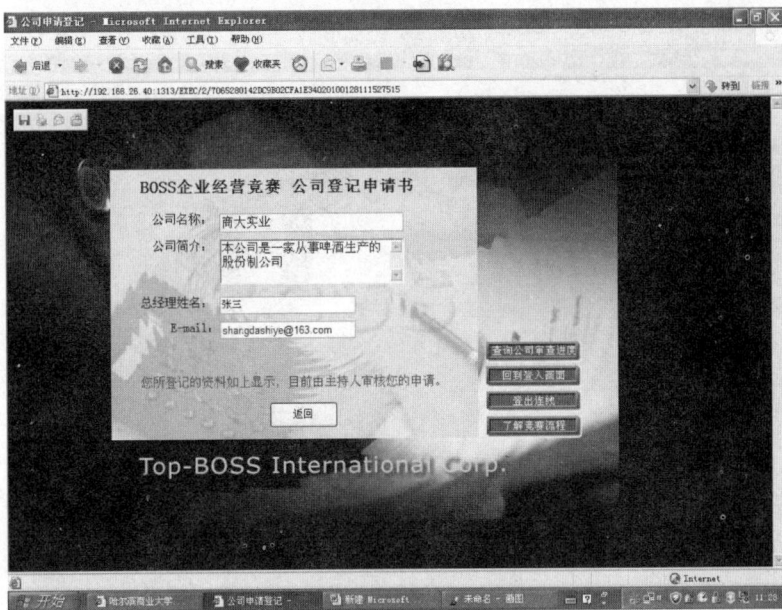

图 8-4　等待审核界面

二、查询公司审核进度

第一步：鼠标左键单击"查询公司审核进度"按钮，进入如图 8-5 所示界面，输入公司名称和管理密码。

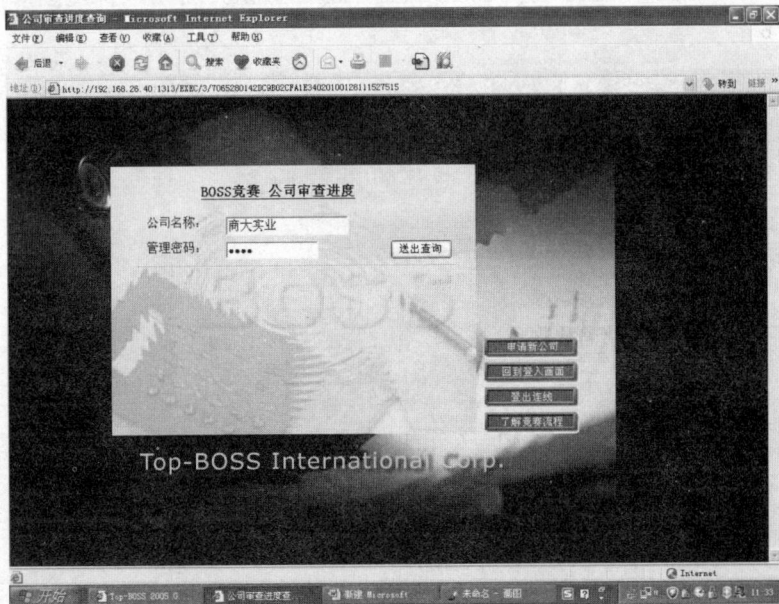

图 8-5　查询公司审核状态界面

第六步：鼠标左键单击"送出查询"按钮，进入如图 8-6 所示界面。在该界面中，可以发现该公司已核准成立，同时请牢记公司的统一编号，每次登录系统时需要用，如果发现没有被批准，请耐心等待竞赛主持人审核。

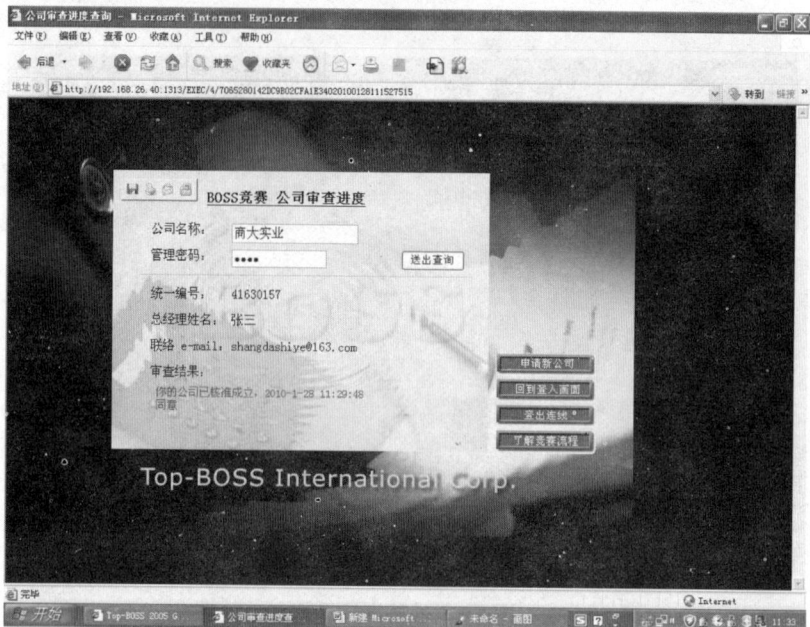

图 8-6　公司查询结果

第七步：鼠标左键单击"回到登入画面"按钮，进入如图 8-7 所示界面，在该界面中，输入公司统编，选择登入角色，输入密码。

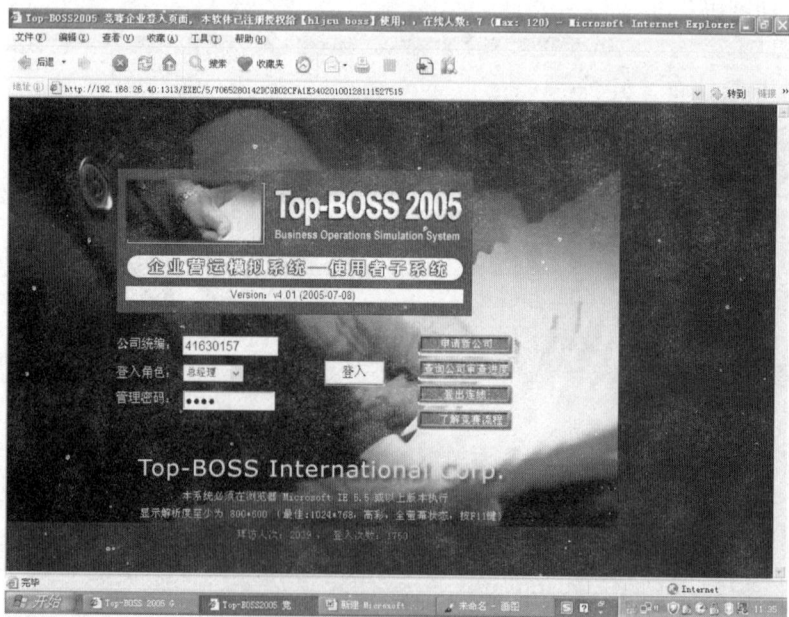

图 8-7　公司运营登录界面

第八步：鼠标左键单击"登入"按钮，进入如图 8-8 所示界面。

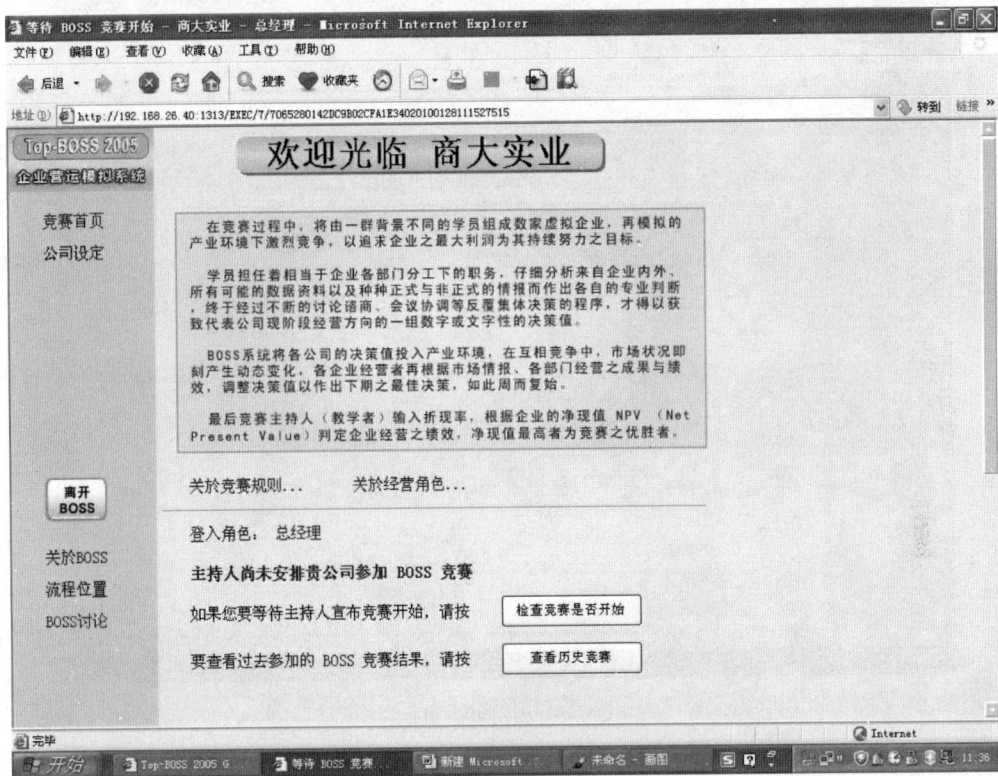

图 8-8　进入系统欢迎页

第二节　Top-Boss 公司设定

一、公司设定的步骤

第一步：鼠标左键单击"公司设定"按钮，进入如图 8-9 所示界面，总经理把公司其他管理成员信息输入完整，密码可以互不相同。

第二步：鼠标左键单击"储存设定"按钮，进入如图 8-10 所示界面，单击"确定"按钮后公司信息将被保存。

二、公司管理者角色说明

系统管理者角色主要包括总经理、企划经理、行销经理、生产经理、采购经理和财务经理。

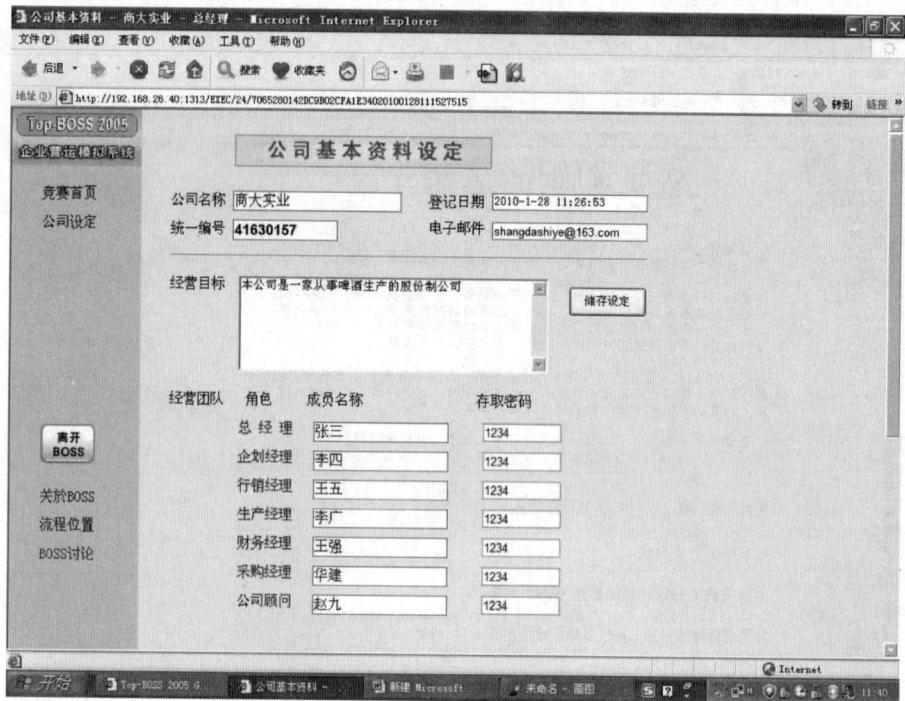

图 8-9 公司设定界面

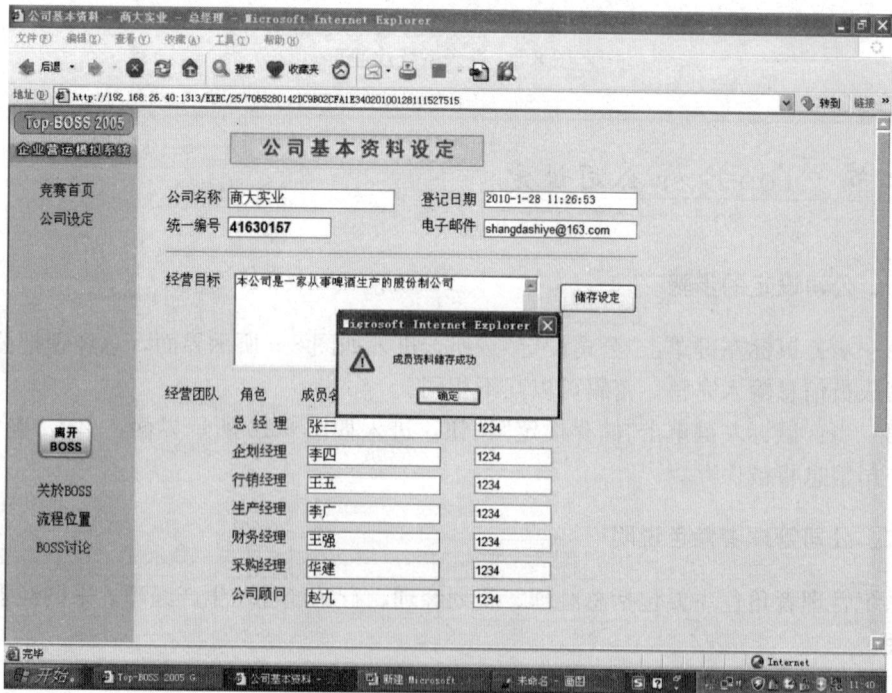

图 8-10 公司设定成功界面

（一）总经理

总经理是公司团队的领导者，可决定公司营运的方向与领导的团队成员，并在系统中担任所有公司资料维护以及查看团队成员所提供的报表并作最后决策输入的工作。如同真正企业的领导者一样，总经理必须肩负起协调团队组织与创造公司利润的重大责任。总经理主要负责事务包括：①公司、账号管理；②团队组织管理；③决策汇总、输入；④拟定公司政策。

在操作主界面上，单击"经营决策"→"如何制定决策"→"角色说明"→"总经理"，如图8-11所示。

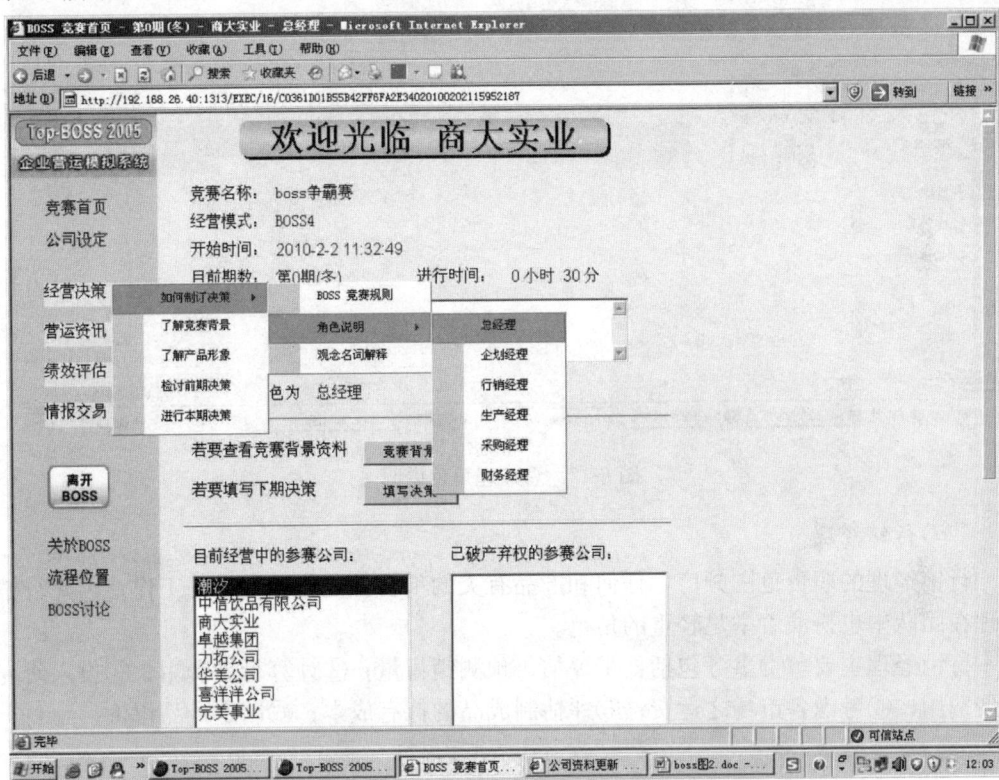

图 8-11　角色说明界面

接着，可以看到总经理角色说明，如图 8-12 所示。

同理，可以看见其他管理成员的角色说明内容。

（二）企划经理

企划经理的职责包含推估公司的市场潜能，以及决定是否要为公司购入新技术或是进行厂房设备升级之类事宜，尤其重要的是管辖情报交易费用之事，必须对其经费加以控管，以便使总经理拟定对策。

企划经理主要负责事务包括：①评估市场潜能；②操控设备投资费用；③评估情报交易费用。

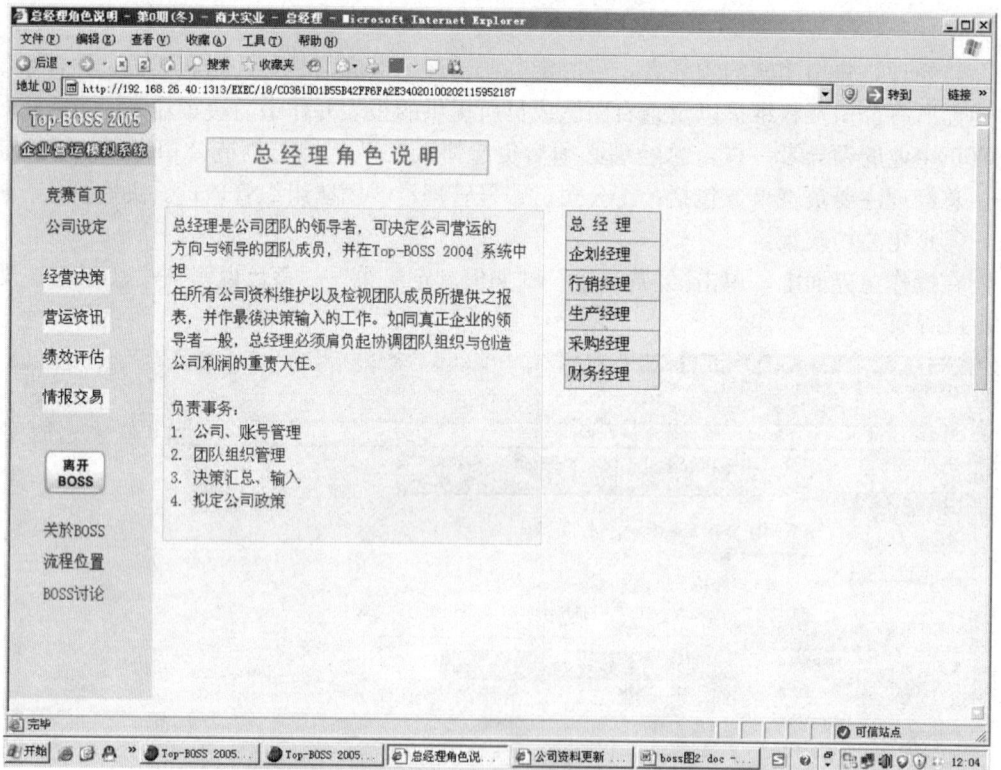

图 8-12　总经理角色说明

（三）行销经理

行销经理的职责范围颇广，任何和产品有关的项目都是行销经理的工作，因此行销经理在团队中也扮演着举足轻重的角色。

行销经理主要负责事务包括：①评估、预测销售量；②计算行销费用；③投入研究发展费用；④考虑各市场之运费；⑤评估制成品的持有成本；⑥制定产品售价。

（四）生产经理

生产经理需负责人员、机器设备与生产中间所发生的费用，并对此做出合理的预算规划，以维持或增进公司生产力以及产品的品质。

生产经理主要负责事务包括：①计算生产费用支出；②计算管理费用；③计算维护费用；④计算人工费用；⑤计算材料耗用成本；⑥计算工作班次变换成本；⑦计算杂项费用。

（五）采购经理

采购经理的职责是必须密切注意与评估公司的物料是否足以供应生产所需，并提出采购计划与成本计算，以确保公司在市场上的竞争力。

采购经理主要负责事务是计算采购费用支出，包括材料购买成本、原物料持有成本、订购成本等。

（六）财务经理

财务经理的工作是将经营过程中所有发生的费用、收入加以汇总，并对全公司的资产加以控制与管理，以维持一家公司的正常营运。

采购经理主要负责事务包括：①计算费用支出（正常、非正常）；②计算利息支出；③评估股利的发放与否；④评估对银行是否要借、还款；⑤计算折旧；⑥计算营利事业所得税。

■第三节　Top-Boss 经营决策

一、了解竞赛背景

第一步：鼠标左键单击"经营决策"→"了解竞赛背景"，如图 8-13 所示。

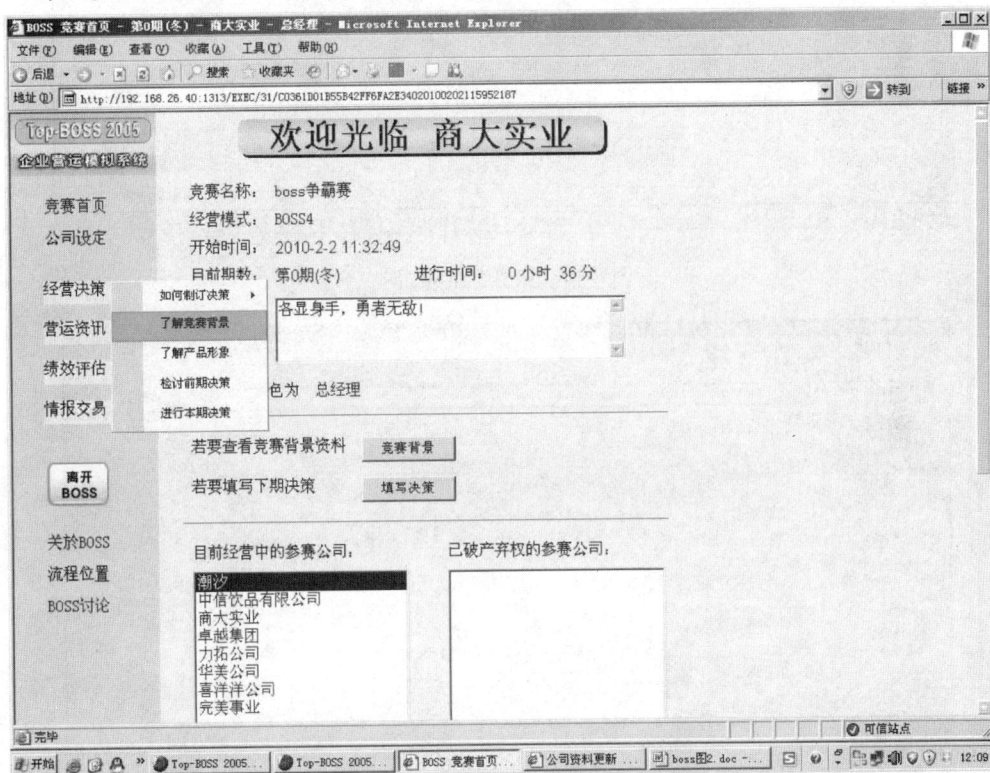

图 8-13　了解竞赛背景步骤示意图

第二步：阅读 BOSS 竞赛资讯，分析具体参数内容，如图 8-14 和 8-15 所示。

（一）总体经济资料

1. 季节波动幅度

季节波动幅度显示本竞赛中每期因季节性需求而产生的（标准）季节波动值，指产品在当前季节的需求性，也就是所谓的淡季和旺季。季节指数的数字上扬，则表示该季节的需求较为旺盛，其影响竞赛产业，共计分为 10 组。

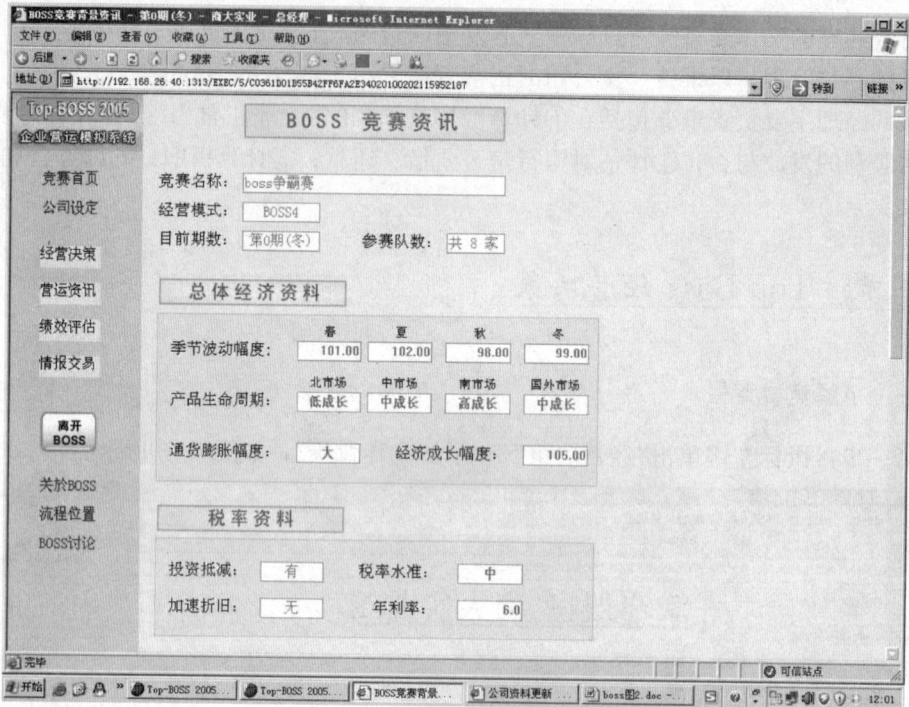

图 8-14　竞赛背景界面 1

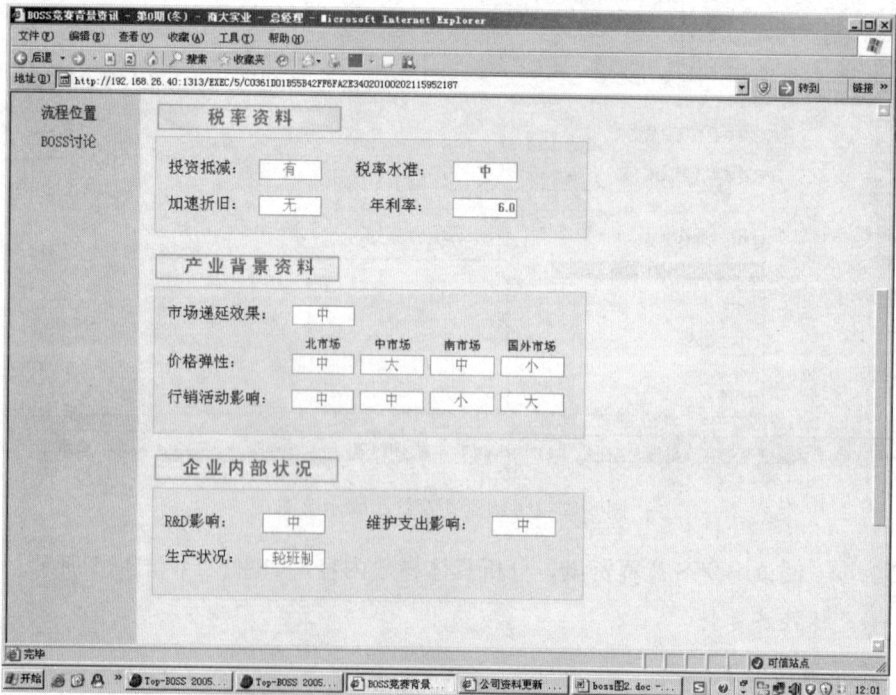

图 8-15　竞赛背景界面 2

2. 产品生命周期

产品生命周期显示此次竞赛产品生命周期成长的速度，影响个别市场，有高成长、中成长及低成长三种状态。高成长表示成长速度较快；低成长表示成长速度较缓。

产品会经历初生、成长、成熟、衰退及死亡几个阶段。通常以 0 为起点，经由市场的开发，产品生命周期的累计值逐渐升高，到达 2 时显示市场成熟，总市场潜能趋近于饱和。之后市场潜能将开始衰退，各期的销售数量也将会逐渐递减。此数值可以在不同市场分别设定高、中、低三种不同生命周期的成长指数。

3. 通货膨胀幅度

通货膨胀幅度表示通货膨胀或紧缩的程度，显示此次竞赛物价水准的变动状况。其影响物价指数，分为大、中、小、负四种通货膨胀状态。物价水准的影响内容包括价格决策、行销与研发决策的相对效果、产能折算(重置成本)的大小、各费用项的增减等。

4. 经济成长幅度

经济成长幅度显示经济增长的情况，用经济成长指数表示，影响整体市场，共有12 组成长状态。公式由回归式组成，为：经济成长指数＝基期指数 ＋ 成长增加系数×竞赛期数。成长指数上升表示景气上升，显示购买力上升，需求量增加；反之，经济低迷，购买力下降，需求量减少。经济成长指数的大小影响市场总需求量。

(二)税率资料

1. 投资抵减

投资抵减显示本次竞赛是否适用对设备投资奖励的节税规定，影响竞赛产业，共计有两组，分为有、无两种方式。

政府为了鼓励公司尽量投资，规定投资额的 3.5％可以用来抵税。投资抵减时的所得税计算方式为：税前净利×累进税率 －（当期设备投资额×3.5％）。

2. 加速折旧

加速折旧显示本次竞赛账面折旧是否采用加速折旧，影响竞赛产业，共计有两组，可采"直线折旧"或"加速折旧"两种方式。

直线折旧：期初设备账面价值×2.5 ％。

加速折旧：期初设备账面价值×3.125 ％。

加速折旧是指虽然实际设备折旧为每期 2.5％，但每期以 3.125％的比例进行折旧。其影响在于增加账面费用支出，税前净利减少，所得税也相应少缴，从而使现金流出相应减少。

3. 税率水准

税率水准显示本次竞赛设定的税率相对层级(以正常税率为基准分高、中、低三级)，其影响整体市场，共计分为高、中、低三种水平。

所得税计算如下：

(1)正常计算方式：税前净利×累进税率。

(2)投资抵减时的计算方式为：税前净利×累进税率 － 当期设备投资额×3.5％。

4. 年利率

年利率显示本次竞赛正常借款(事前借款)之银行利率，但是每一期决策是一个季度，各期计算财务费用及利息支出时所用为季利率，所以利息费用必须自行转换为季利率。其影响整体市场，共计有 11 组，税率水平为 5％～15％。

（三）产业背景资料

1. 市场递延效果

市场递延效果显示产业是否具有显著之市场占有率递延情形。用市场占有率递延程度之大小来表示市场品牌忠诚度大小，当市场占有率递延效果显著时，各公司的市场需求量多寡会受到上期市场占有率的较大影响；反之，在递延效果不显著时，各公司的市场需求量较不受上期市场占有率影响。市场占有率递延效果影响竞赛产业，共分为高、中、低三种不同的效果。

2. 价格弹性

价格弹性显示各地区市场需求量对价格的敏感程度，影响个别市场，显示降价竞争的效果，可分为大、中、小三种水平。价格弹性大，意味着价格稍许变动则市场需求随之显著变化；价格弹性小，表明市场需求变动较不明显。

3. 行销活动影响

行销活动影响显示各地区市场需求受行销活动影响产生的变动程度，共计分为大、中、小三种水平。行销活动影响大，则增减行销费用支出对市场销售量产生明显的影响；反之可推。此外，行销费用具有小幅递延效果。

由于价格弹性、行销活动影响均可分别在不同市场包括北、中、南、国外四个市场设定大、中、小不同的值，故共计有 9^4 种组合方式。

（四）企业内部状况

1. R&D 影响

R&D（研发）影响显示该产业研发活动重要程度，可分为大、中、小三种水平。

研发费用影响项目包括两方面：①产品品质，品质良好与新颖被认为有助于提高需求量。②成本降低，提高材料使用效率可减少材料耗用，简化工作可节省人力、降低成本。研发费用对市场需求量的影响比行销活动更具大幅度递延效果。

2. 维护支出影响

维护支出影响显示该产业维护工作的重要程度，主要影响生产效率（材料转换系数），可分为大、中、小三种水平。

维护费用支出的作用是：①稳定产品材料成本，可保持设备现有使用水准的效用、材料使用效率；②稳定人工成本。

3. 生产状况

生产状况属于公司内部的生产政策，竞赛主持人会设定一班制和轮班制两种不同生产方式。一班制是指在当期产能下，仅以一班工人进行生产，同时允许有限度的加班。一班制生产时，加班至多可增加 0.5 倍的产能。轮班制生产可采 1～3 班生产方式生产，竞赛时，计算机系统会根据生产数量自动决定生产班次。

两种生产方式下最大生产量情况见表 8-1，增加或减少生产班次都会产生工作班次变换费用。

表 8-1　两种生产方式比较

生产方式	班次	最大生产量(加班限制)	备注
一班制	1	不超过 1.5 倍产能	仅有 1 班
轮班制	1	不超过 1.35 倍产能	超过即调整成 2 班
	2	不超过 2.5 倍产能	超过即调整成 3 班
	3	3 倍产能	设备已全天使用，不得加班

二、了解产品形象

第一步：单击"经营决策"→"了解产品形象"，如图 8-16 所示。

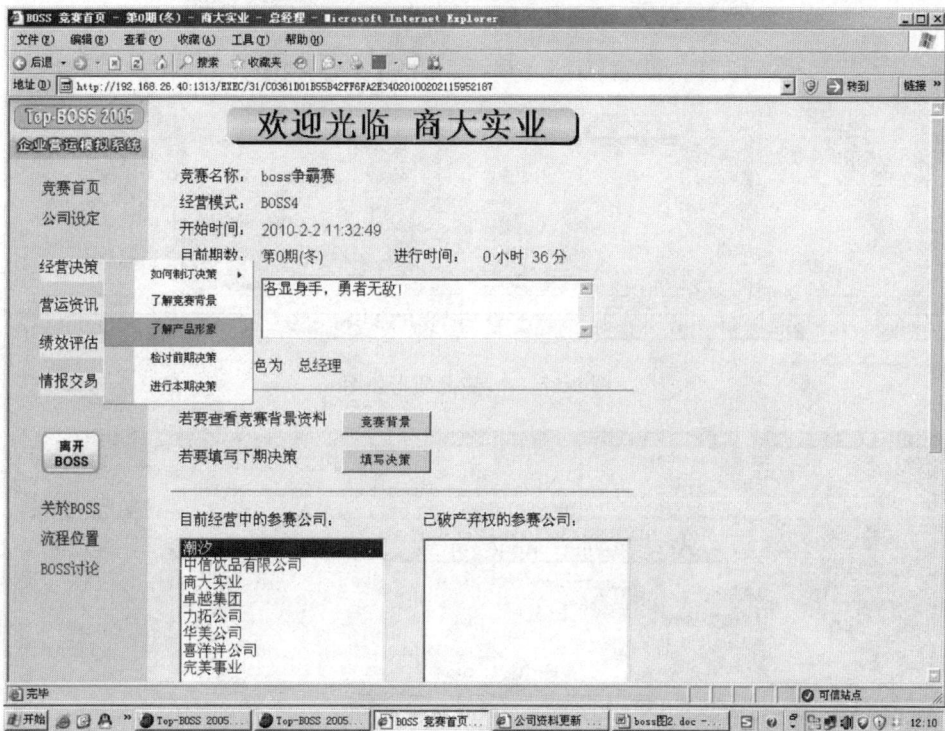

图 8-16　了解产品形象示意图

第二步：选择期数，查看相应的产品/品质形象图，由此可了解各家产品目前在各市场上的品质与形象的不同，如图 8-17 所示。

三、了解一般营运资讯

(一)市场景气情报

第一步：单击"营运资讯"→"市场景气情报"，了解市场景气情况，如图 8-18 所示。

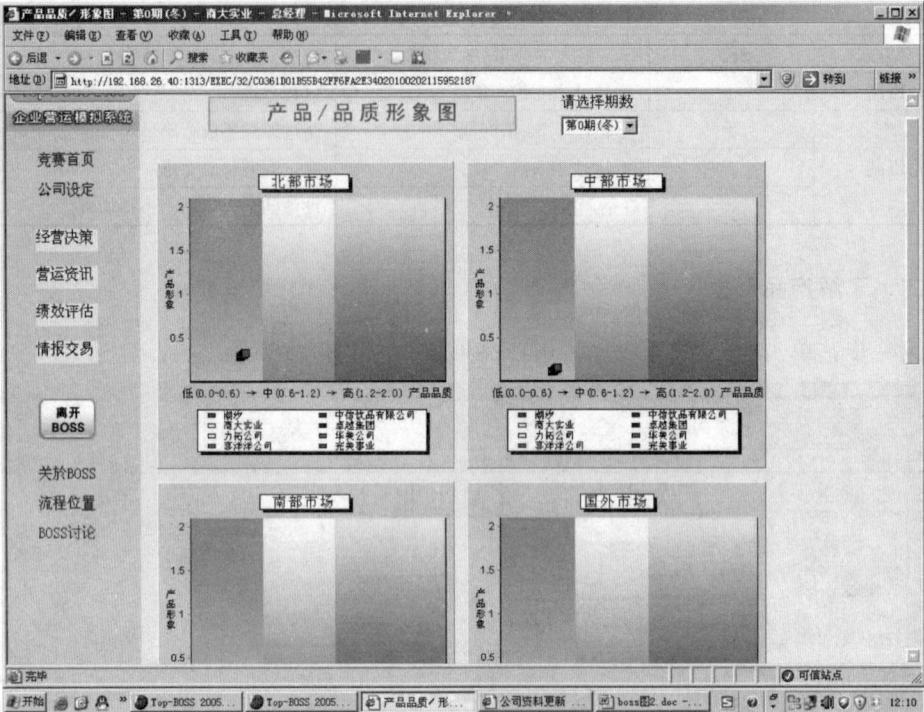

图 8-17　产品/品质形象图

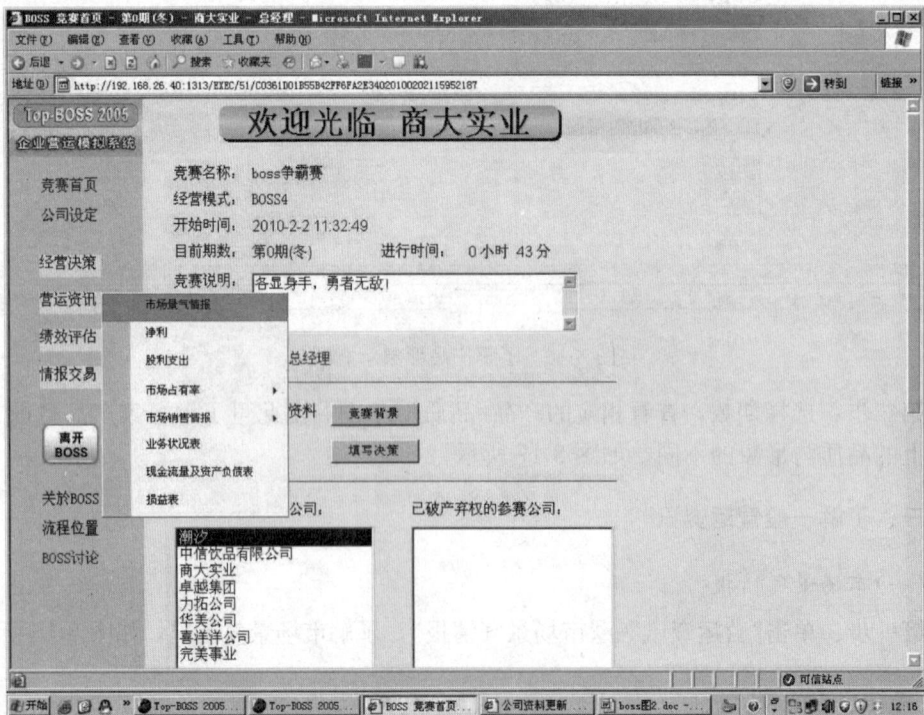

图 8-18　了解市场景气情况示意图

第二步：选择期数，查看相应的市场景气情报，如图 8-19 所示。

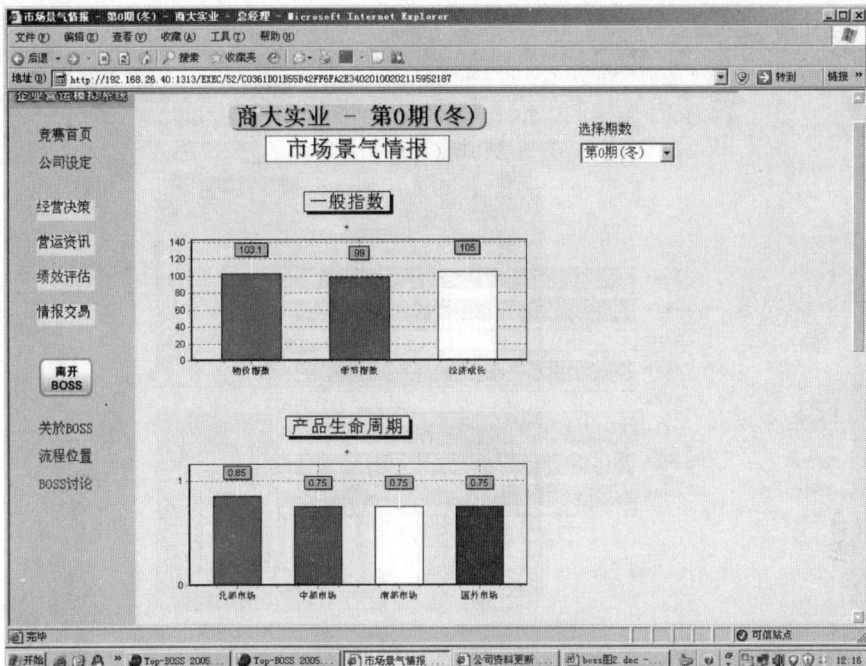

图 8-19 产品市场景气情报图

(二)净利

第一步：单击"营运资讯"→"净利"，了解各公司净利情况，如图 8-20 所示。

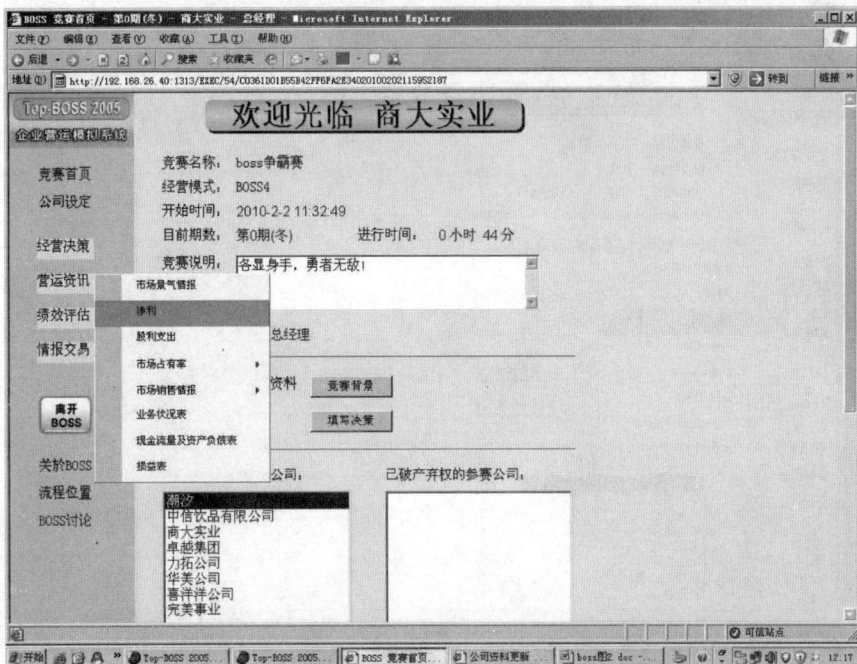

图 8-20 了解净利示意图

第二步：选择期数，查看相应的公司净利信息，如图 8-21 所示。

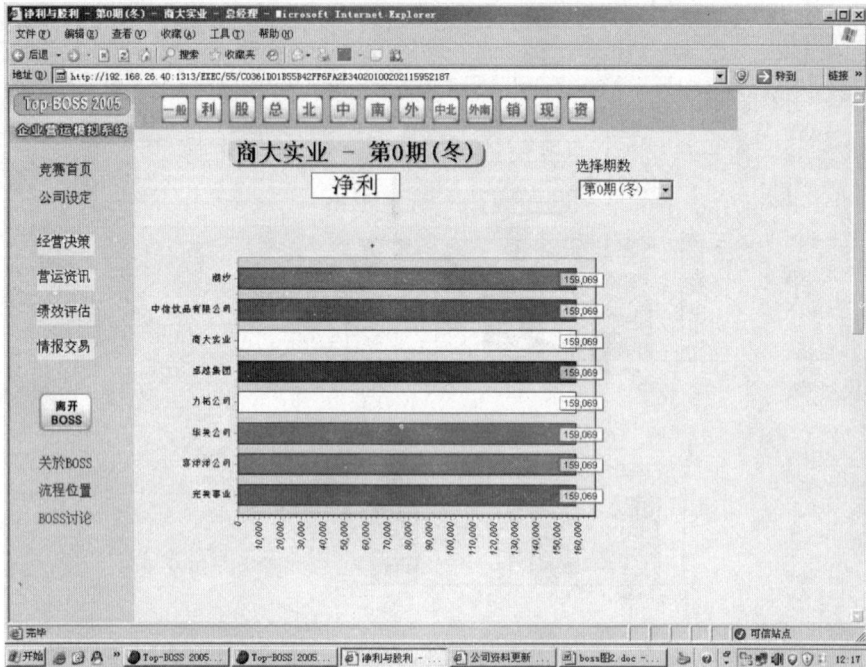

图 8-21　公司净利一览图

(三)股利支出

第一步：单击"营运资讯"→"股利支出"，了解各公司股利支出情况，如图 8-22 所示。

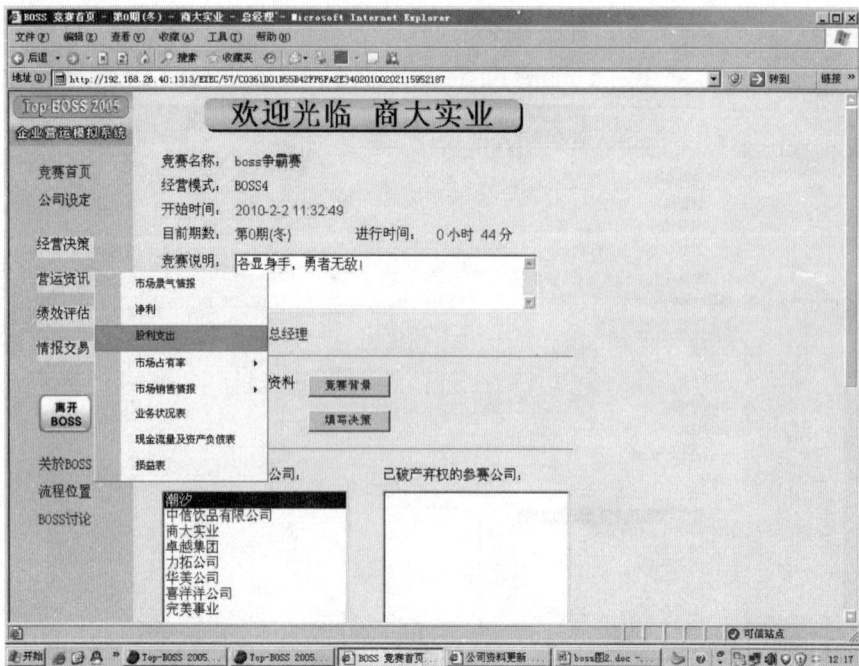

图 8-22　了解股利支出示意图

第二步：选择期数，查看相应的公司股利支出信息，如图 8-23 所示。

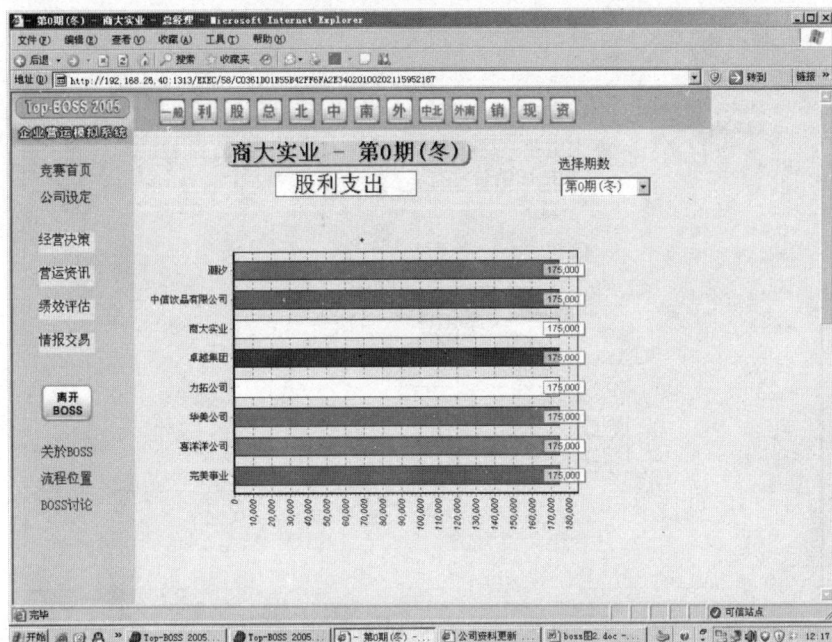

图 8-23　公司股利支出一览图

（四）市场占有率

第一步：单击"营运资讯"→"市场占有率"→"总市场占有率"，了解各公司市场占有率情况，如图 8-24 所示。

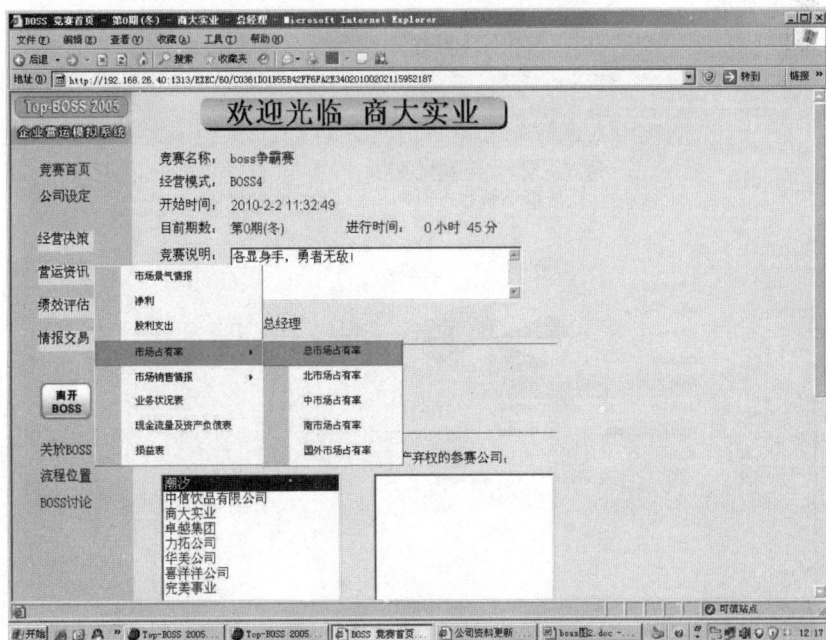

图 8-24　了解市场占有率示意图

第二步：选择期数，查看相应的公司总市场销售占有率信息，如图 8-25 所示。

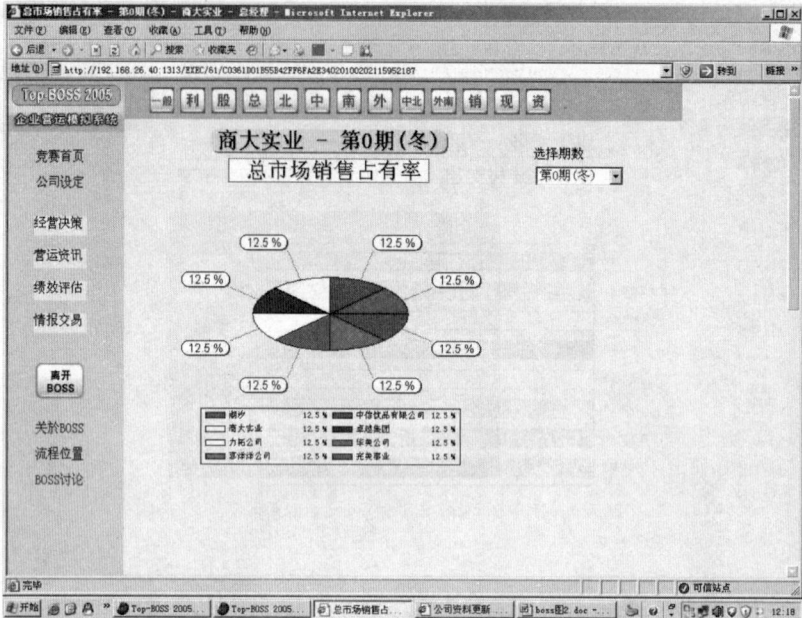

图 8-25　市场占有率一览图

同样，根据需要可以查询北市场、南市场、中市场和国外市场的占有率。

（五）市场销售情报

第一步：单击"营运资讯"→"市场销售情报"→"北部市场"，了解各公司市场销售情况，如图 8-26 所示。

图 8-26　了解市场销售情报示意图

第二步：选择期数，查看相应的公司北市场和中市场销售信息，如图 8-27 所示。

图 8-27　市场情报一览图

同样，根据需要可以查询南市场和国外市场的销售情报。

四、分析业务状况表

第一步：单击"营运资讯"→"业务状况表"，了解各公司业务状况，如图 8-28 所示。

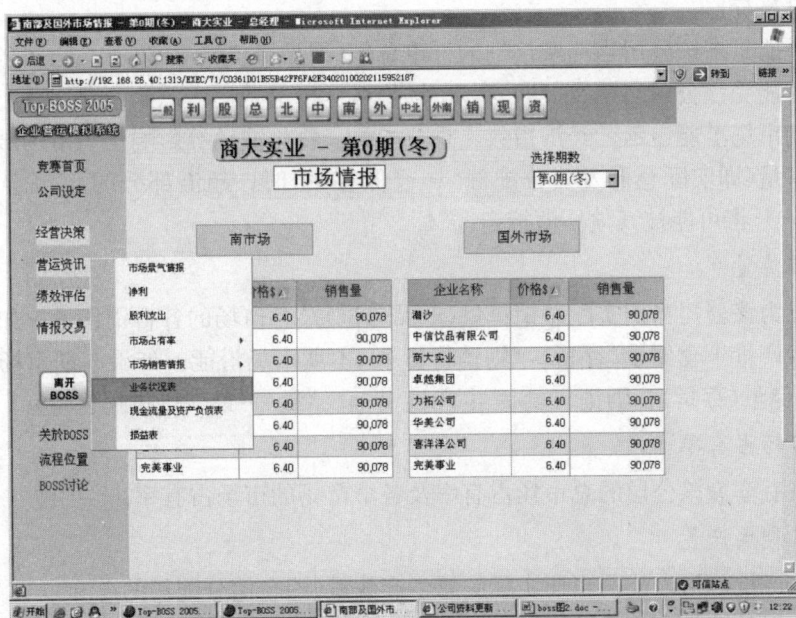

图 8-28　了解业务状况表示意图

第二步：选择期数，查看相应的各公司业务状况信息，如图 8-29 所示。

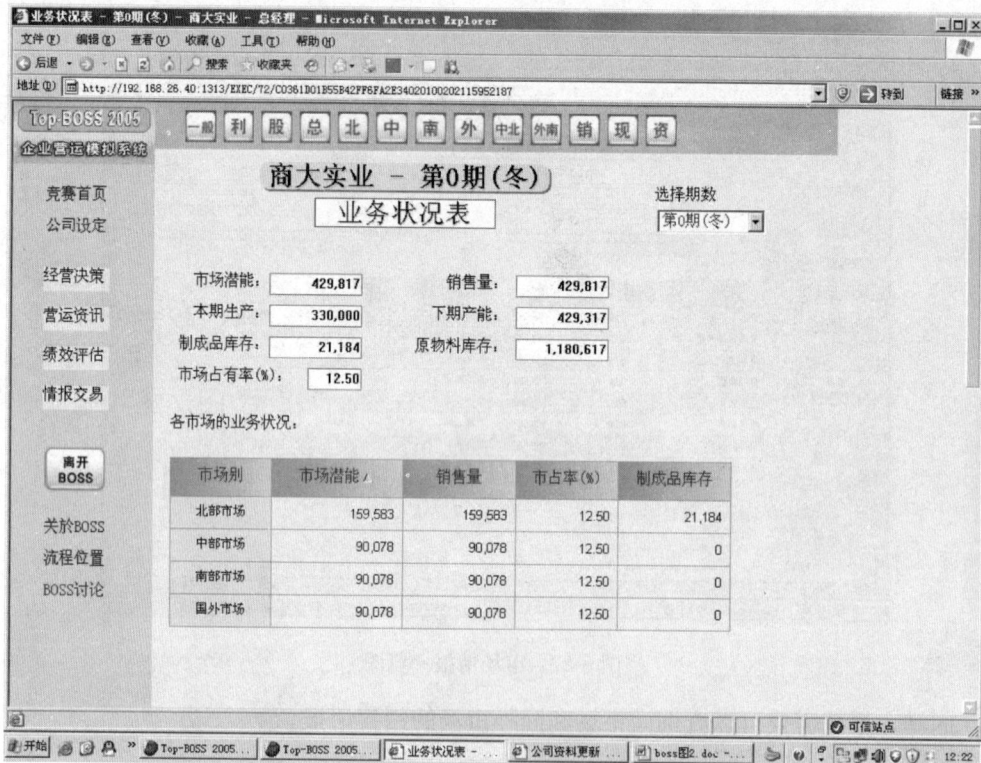

图 8-29　公司业务状况表

（一）市场潜能

市场潜能是指该公司当期所接到的订单总额（产品单位）。

市场潜能受该公司当期及上期在各市场价格、行销费用、总研发费用、上期市场占有率、上期市场潜能递延、经济指数、季节指数、物价波动等影响。当市场潜能大于最大可供销售量（即实际仓储发货分配额 ＋ 仓储存量）时，超溢部分的 50％会递延至下期，其余 50％将可能被其他厂商抢走。

（二）销售量

销售量为该公司当期实际总销售量（产品单位）及各市场的各自销售量。如果本期市场潜能≤生产量＋仓储量（存货），则销售量 ＝ 本期市场潜能。如果本期市场潜能＞生产量 ＋ 仓储量（存货），则销售量 ＝生产量 ＋ 仓储量（＝最大可供销售量）。

（三）市场占有率

市场占有率为该公司的总市场占有率及各个市场的市场占有率。

（四）本期生产量

本期生产量是指该公司当期实际的总生产数量（即仓储分配额的总和）。

当原物料足够且产能足够时，本期实际生产量 ＝ 原计划生产量。

当可供使用原料数量（上期存货 ＋ 本期购料）不足或产能不堪负重时，本期实际生

产量 ＝ 最大可生产量＜原计划生产量，且仓储分配额亦重新计算。原物料不足，可以透过紧急采购获得，但需要付出较高的额外费用。

各市场实际仓储分配额 ＝ 最大可生产量×（各市场仓储分配决策值／计划生产量总量）。

（五）制成品存货

制成品存货为该公司各仓库期末存货的总和及各仓库的存货数量。

期末制成品存货 ＝ 上期存货＋本期实际生产量－本期实际销售量，此处本期实际生产量为各仓库仓储分配量之和。

（六）原材料存货

原材料存货为期末原材料存货数量，原材料存货＝上期原材料存货＋本期购料数量－本期原材料消耗量。本期购料数量为决策输入值，在正常状况下（即无紧急采购物料），本期所购物料均在期末送达，供下期使用。本期原材料消耗量＝生产数量/材料转换系数。

紧急采购物料是指在期初原材料存货量小于本期计划生产量预定使用额时，系统程序会自动对本期所购且应于期末送达的原材料提前将所需要的部分送达，并在本期生产产品消耗完毕。同时，因紧急购料而产生的额外费用为每单位物料成本1.5美元。

（七）下期产能

下期产能为一班人工不加班时所能生产的产品数量。产能随每期设备实际折旧缩减约2.5％。每投资20美元设备投资支出约可增加一个单位的产能，故下期产能＝0.975×本期产能＋本期设备投资金额/（＄20×物价指数）。

五、分析财务报表

（一）损益表

损益表是将企业某一会计期间的所有收益及费用账户汇总集中，用以显示该期间经营成果的报表。因损益表所报道的内容为某一期间的资料，所以属于动态报表。

损益表组成要件包括：①收入，公司提供顾客商品或服务，得到的资产流入；②费用，产品或服务给予顾客时流出或是消耗的资产。

第一步：单击"营运资讯"→"损益表"，了解各公司利润状况，如图8-30所示。

第二步：选择期数，查看相应的各公司收入、支出等信息，如图8-31所示。

（1）销售收益。销售收益即价格×销售量，所列为各个市场销售金额及总销售额。

（2）费用支出。费用支出即行销费用项以下至运费之间所有费用项的费用总和。

（3）行销费用。行销费用即该公司当期决策的各市场行销费用总和及各个市场决策值。

（4）研究发展费用。研究发展费用即当期决策的研发费用值。

（5）管理费用及杂项费用。管理费用即因生产规模大小而产生的有关管理性质的半固定费用项。在一班制的生产状态下，管理费用随生产量变动，如表8-2所示。

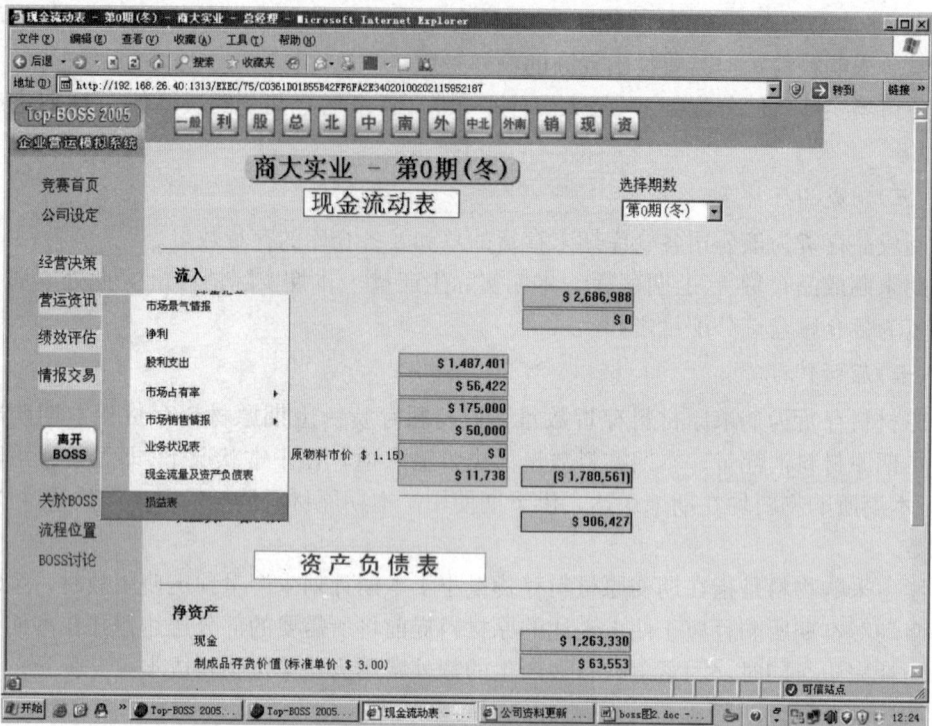

图 8-30　进入损益表示意图

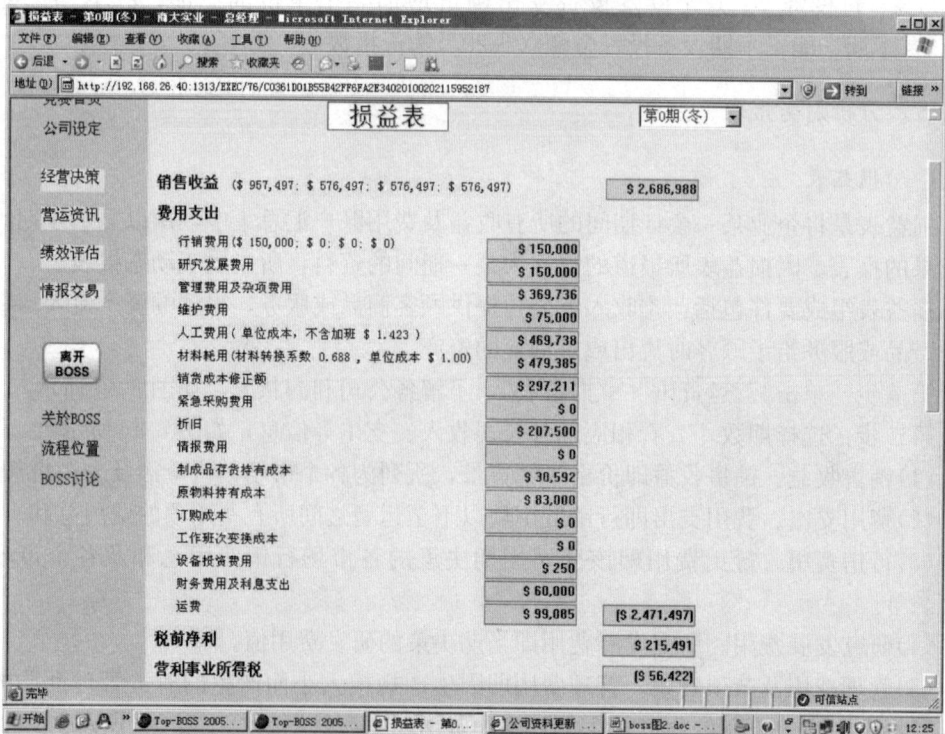

图 8-31　损益表一览图

表 8-2　管理费用计算一览表(一班制)

生产规模	管理费用/美元	生产班次
生产量≤产能	(150 000＋0.32×本期产能)×物价指数	1
生产量＞产能(即加班)	(150 000＋0.32×本期产能＋50 000)×物价指数	1

其中，150 000 美元为固定管理费用支出，且每单位产能须另付 0.32 美元的管理费用，加班费则为 50 000 美元。

在轮班制的状态下，管理费用的计算方式如表 8-3 所示。

表 8-3　管理费用计算一览表(轮班制)

生产规模	管理费用/美元	生产班次
生产量≤一班产能	(175 000＋0.32×本期产能)×物价指数	1
一班产能＜生产量≤1.35 倍产能	(200 000＋0.32×本期产能)×物价指数	1
1.35 倍产能＜生产量≤二班产能	(275 000＋0.32×本期产能)×物价指数	2
二班产能＜生产量≤2.5 倍产能	(295 000＋0.32×本期产能)×物价指数	2
2.5 倍产能＜生产量≤三班产能	(400 000＋0.32×本期产能)×物价指数	3

杂项费用即因维持现有产能规模产生的杂支费用项。杂项费用＝(10 000 ＋ 0.18×本期产能)×物价指数。

(6)维护费用。维护费用即当期决策的维护费用支出额。

(7)人工费用。人工费用为应付本期实际生产量所花费的人工成本，其随生产量和生产班次变动。单位制成品人工成本的大小受研发费用、维护费用支出多少的影响。

一班制：①若生产量≤一班产能，人工费用 = 单位成本×生产数量。②若一班产能 ＜ 生产量≤1.5 倍产能，人工费用 = 单位成本×一班生产数量 ＋ 1.5×单位成本×加班生产数量。

轮班制：①若生产量≤一班产能，人工费用 = 单位成本×实际生产数量。②若一班产能＜ 生产量≤1.35 倍产能，人工费用 = 单位成本×一班生产数量 ＋ 1.5×单位成本×加班生产数量。③若 1.35 倍产能＜ 生产量≤2 倍产能，人工费用 = 单位成本×实际生产数量。④若 2 倍产能＜ 生产量≤2.5 倍产能，人工费用 = 单位成本×二班生产数量 ＋ 1.5×单位成本×加班生产数量。⑤若 2.5 倍产能＜ 生产量≤3 倍产能，人工费用 = 单位成本×实际生产数量。

(8)材料耗用。材料耗用为应付本期实际生产量所消耗之材料成本。材料转换系数是指一单位材料能生产的制成品数量，受研究发展费用及维护支出影响。

材料单位成本的计算公式为

$$材料单位成本 = \frac{当期购料金额＋上期原材料存货价值}{当期购料数量＋上期原材料存货数量}$$

当期购料金额(不含紧急采购) = 当期购料数量×期初原材料市价

式中，当期购料数量为决策值。

当期实际材料耗用价值 = 当期实际耗用材料数量×材料单位成本

(9)销货成本修正额。销货成本修正额调整销货量与生产量差额部分，并折算价值。因本期实际销货量与实际生产量不完全相同，故为符合一般会计原则必须调整其间因数量不同所产生的差异。

当实际销售量≥上期存货时，销货成本修正额 ＝ 上期制成品存货价值－本期制成品存货价值，制成品存货价值列于资产负债表中。当实际销售量＜上期存货时，销货成本修正额＝上期期末标准单价×本期实际销售量－＄3×本期实际生产量×物价指数。标准单价的计算见资产负债表的说明。

(10)折旧。折旧是指依现行成本分摊方式所计算出的当期账面折旧额。

折旧"账面额"随所采用方法不同，有以下两种计算方式：第一种是直线折旧法＝期初设备账面价值×2.5％，第二种是加速折旧法＝期初设备账面价值×3.125％。但不论以何种方法计算，"实际的设备功能"折减每期都以2.5％的比例减少。

(11)制成品存货持有成本。制成品存货持有成本即制成品库存过程中发生的成本，如资金积压的财务成本，产品过期或损坏的损失、仓储设施的折耗等。每单位的制成品存货持有成本约为0.5美元，所以，制成品存货持有成本＝＄0.5×期末制成品存货数量(各仓库期末值之和)×物价指数。

(12)原物料持有成本。原物料持有成本为保存原物料所发生的成本，原物料持有成本＝期初原物料存货价值×5％。

(13)订购成本。订购成本欲补充原物料订购过程中所产生的成本费用(含订购手续作业费、运输过程的检验费等)。其值随原物料订货单位增加而呈阶梯式分布，如表8-4所示。

表8-4　订购成本计算一览表

原物料订购数量/单位	订购成本/美元
1～500 000	40 000
500 001～1 000 000	80 000
1 000 001～1 500 000	120 000
1 500 001～2 000 000	160 000
大于2 000 000	200 000

(14)紧急采购费用。紧急采购费用即发生紧急采购时需支付的额外费用。紧急采购费用为每单位1.5美元，紧急采购费用＝＄1.5×紧急采购的原材料数量。

(15)工作班次变换成本。工作班次变换成本为当期所开班次数与上期不同时所产生的换班成本。每变换一个班次，会产生＄100 000×物价指数的费用。工作班次变换成本＝＄100 000×物价指数×｜当期班次－上期班次｜。

(16)设备投资费用。设备投资费用为因投资设备所产生的费用支出(包含保险费及其他相关费用)。设备投资费用＝0.000 000 1×(设备投资支出)^2。

(17)财务费用及利息支出。财务费用及利息支出即借款经营产生的利息支出。利息计算可以分为两部分：①正常负债利息＝上期正常负债额×银行利率。在负债＜业主权益时，银行利率＝年利率×0.25。但负债＞业主权益时，银行利率＝年利率×$\left[0.25+\left(\dfrac{上期正常负债额}{上期业主权益}×\dfrac{1}{8}\right)^2\right]$。② 非正常负债利息 ＝ 上期非正常负债额 × $\left(\dfrac{上期负责总额}{上期业主权益}×0.5\right)^2$×年利率。

(18)运费。运费为运输产品至各市场的发货仓库所产生费用的总和。各市场依路程远近，其每单位产品运费率为：北区市场无，中区市场 0.1 美元，南区市场 0.2 美元，国外市场 0.8 美元 。

$$各市场运费 ＝ 运费费率×实际仓储分配量×物价指数$$

(19)税前净利。税前净利＝销售收益－总费用支出。

(20)营利事业所得税。营利事业所得税的课征，视税前净利的多少而采用累进税制，如表 8-5 所示。

表 8-5　营利事业所得税计算一览表

税前净利	税率水准/%		
	低	中	高
净利≤20 万美元	18	22	26
20 万美元＜净利≤50 万美元	28	35	42
50 万美元＜净利≤100 万美元	38	48	58
100 万美元＜净利	44	55	66

若竞赛环境背景设有投资抵减项，则尚能由所得税中扣抵 3.5% 的投资奖励额。

$$抵减后所得税额 ＝ 抵减前所得税额－（当期设备投资额×3.5%）$$

$$营利事业所得税 ＝（税前净利×相应税率）－投资抵减额$$

(21)税后净利。税后净利＝税前净利－营利事业所得税。

(22)股利支出。股利支出即当期决策的股利发放额。因股利支出不可产生资本退回现象，故当业主权益小于 650 万美元时，系统程序将自动停止发放股利。

(23)业主权益增加额。业主权益增加额即税后净利－股利支出，且计入业主权益的净增加额。

(二)现金流量表及资产负债表

1. 现金流量表

现金流量表是以现金流入与流出为基础，用来汇总说明企业在一个特定期间内的营业活动、投资活动及融资活动的会计报表。其目的在于提供一企业在某一期间的营业、投资及融资活动所产生的现金收入及支出的相关信息，可以帮助投资人及债权人了解以下内容：①评估企业未来产生净现金流入的能力；②评估企业偿还负债及支付股利的能力，以及需要对外融资的程度；③评估净利与营业活动现金收支的差异原因；④评估企业在特定期间现金与非现金投资及理财活动的交易对财务状况的影响。

第一步：单击"营运资讯"→"现金流量表"。

第二步：选择期数，查看相应的各公司现金流入流出等信息，如图 8-32 所示。

(1)流入。流入包含销售收益及借款(若当期有借款决策)项。

(2)销售收益。销售收益为各市场销售额的总和。

(3)流出。流出即所有现金流出项目(包含现金费用支出等)。

(4)现金费用支出。现金费用支出即所有在当期有现金流出的费用项支出总额。现金费用含损益表中所有费用支出项，但不含：①材料耗用，因所使用原料均假设于前期

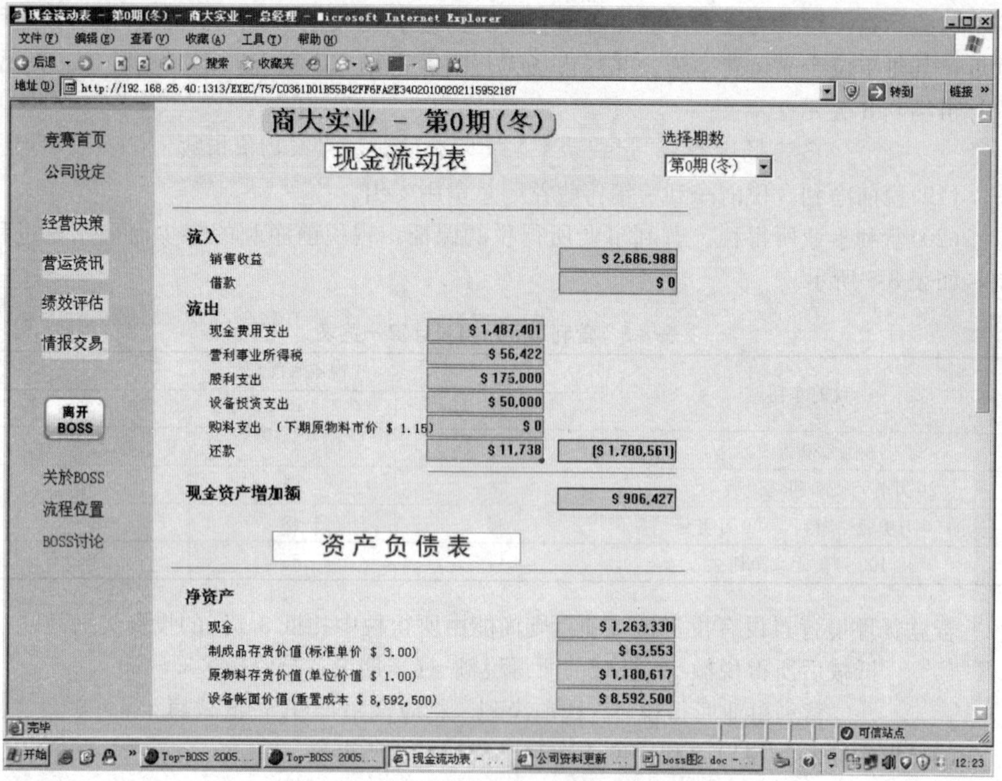

图 8-32　现金流量表一览图

购买，本期并无支出现金。②销货成本修正额，此为账面调整，不产生现金支出。③折旧，折旧仅将设备成本转换成费用分摊各期，并无实际现金支出。④紧急采购费用，紧急采购费用并入购料支出且出现在现金流量表中。

（5）营利事业所得税。营利事业所得税同损益表所列值。

（6）股利支出。股利支出同损益表所列值。

（7）设备投资支出。设备投资支出即当期决策的设备投资支出值。

（8）购料支出。购料支出为当期购料金额及紧急采购所用金额的总和。原材料市价的决定会因整个产业对原材料需求量的多少而有升降，其单位市价在 0.75～2 美元。购料支出 ＝ 当期购料金额 ＋ 紧急采购费用。当期购料金额 ＝ 当期决策的购料数×期初原材料市价。

（9）借款。当决策中有借款行为时，此科目会出现在流入项下。

（10）还款。当决策中有还款行为时，此科目会出现在流出项下。还款时，系统程序会先以上期期末现金去还款，最大可还款金额以上期期末现金为限。系统程序完成还款步骤后，若总流出大于总流入而造成赤字，程序会再自动借款（即非正常或称事后借款）来补贴差额。

在期初利息计算后，原非正常债就归入正常负债项下，合而为一。此外，当还款决策值大于上期债额时，程序会自动调整还款额等于负债总值。

（11）现金资产增加额。现金资产增加额＝现金流入总额－现金流出总额。

2. 资产负债表

资产负债表又称财务状况表，是将企业某一特定时日的资产、负债及业主权益账户汇总集中，用以显示企业当日财务状况的报表。因此，资产负债表所报道的只是某一特定时日各账户的状况，属于静态报表。

其组成要件有：

(1)资产：公司所拥有或可控制的资源，预期可以提供公司未来的利润。

(2)负债：公司的义务，反映他方对资产的请求权。

(3)业主权益：资产减掉负债，是业主对企业资产的拥有权。

第一步：单击"营运资讯"→"资产负债表"。

第二步：选择期数，查看相应的各公司资产负债等信息，如图 8-33 所示。

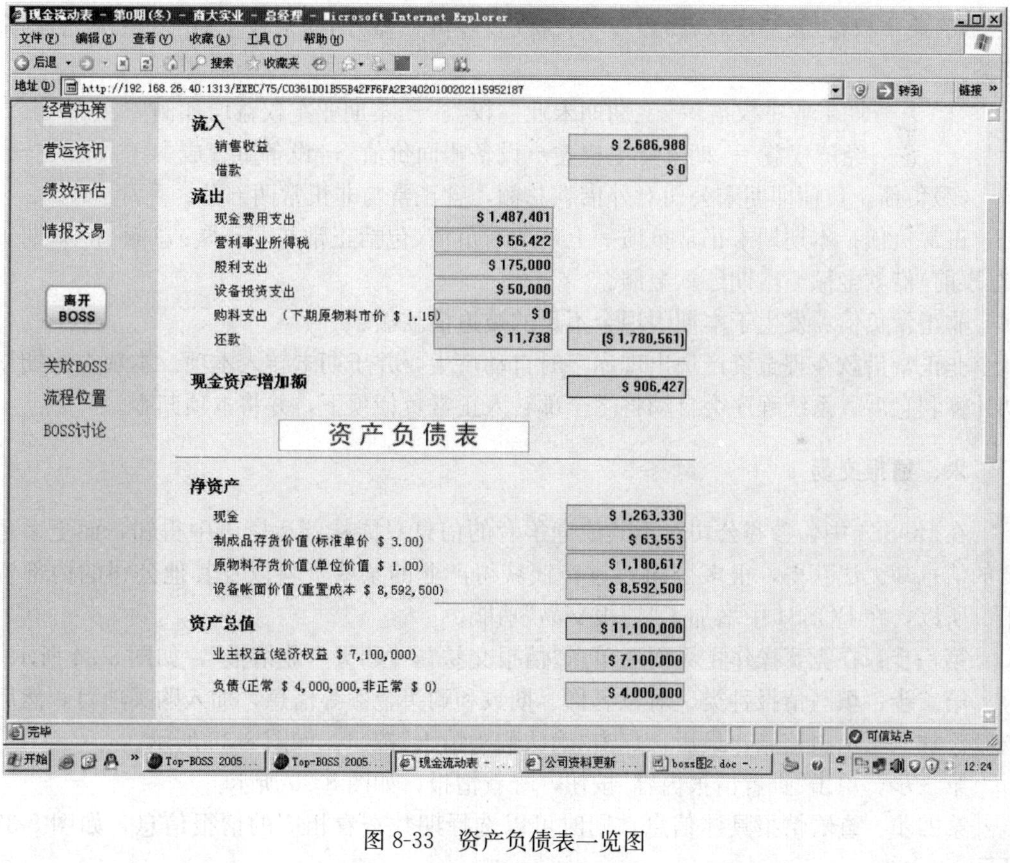

图 8-33　资产负债表一览图

(1)现金。现金即期末公司所握有的现金额，即当期期初现金额 ＋ 本期现金资产增加额。当发生赤字情况时，系统程序会自动采取紧急借款措施，将现金项归零，并转入非正式负债账下。

(2)制成品存货价值。制成品存货价值即期末制成品存货的折算价值。制成品单位价值在开始时为 3 美元，往后各期仅随物价水准稍微波动；当期销售量比上期存货少时才做调整，调幅亦很小。

$$期末标准单价 = \frac{上期标准单价 \times (上期存货 - 本期实际销售量) + \$3 \times 本期实际生产量 \times 物价指数}{上期存货 - 本期实际销售量 + 本期实际生产量}$$

$$制成品存货价值 = 期末标准单价 \times 制成品存货数量$$

（3）原物料存货价值。原物料存货价值即期末原物料存货的折算价值。原物料存货价值＝原物料单位价值×期末原物料存货数量，原物料单位价值即材料单位成本（列于损益表中）。

（4）设备账面价值。设备账面价值即期末账面上现有设备的折算价值及取得与原有设备同效率同功能的设备现时成本（即重置成本）。设备账面价值 ＝ 期初设备账面价值－账面折旧＋本期决策的设备投资。重置成本的换算是假设现有产能可折算每单位约20美元，故重置成本＝＄20×期末产能（即下期产能）×物价指数。

（5）资产总值。资产总值为各资产价值的总和。

（6）业主权益（及经济权益）。业主权益（及经济权益）即期末业主对企业资产的剩余权益。

$$期末业主权益 ＝ 上期期末业主权益 ＋ 本期业主权益增加额$$

$$经济权益 ＝ 期末业主权益 － 设备账面价值 ＋ 设备重置成本$$

（7）负债。负债即期末公司对外借款总额，含正常与非正常两部分。

正常负债：本期期末正常负债＝上期期末负债（包括正常与非正常）总额 ＋ 本期正常（事前）借款金额－本期还款金额。

非正常负债：发生于本期因现金不足的被迫借款额。

非正常借款在现金资产项出现赤字时自动产生，并于期末转入本项。本项在次期期初计算利息后，系统程序会自动将之全部转入正常负债项下，并将本项归零。

六、情报交易

在 BOSS4 中，参赛公司对于其他竞争者的信息只能从营运资讯中得知，而更多重要的信息却无法获得，很多公司愿意花钱获得产业的某些资料以及其他公司的内部资讯。所以，在 BOSS4 中增加了"情报交易"功能。

第一步：在竞赛操作主界面上单击"情报交易"→"购买产业情报"，如图 8-34 所示。

第二步：填写情报种类、对象名称、期数和购买金额等信息，加入购买项目，然后继续添加购买情报信息，最后，点击"确认购买情报"按钮，如图 8-35 所示。

第三步：单击"查看情报内容"按钮，查看情报，如图 8-36 所示。

第四步：查看情报具体信息，同时可以选择期数查看相应的情报信息，如图 8-37 所示。

七、检讨前期决策

第一步：在竞赛操作主界面上单击"经营决策"→"检讨前期决策"，如图 8-38 所示。

第二步：选择期数，查询相应的历史决策值，如图 8-39 所示。

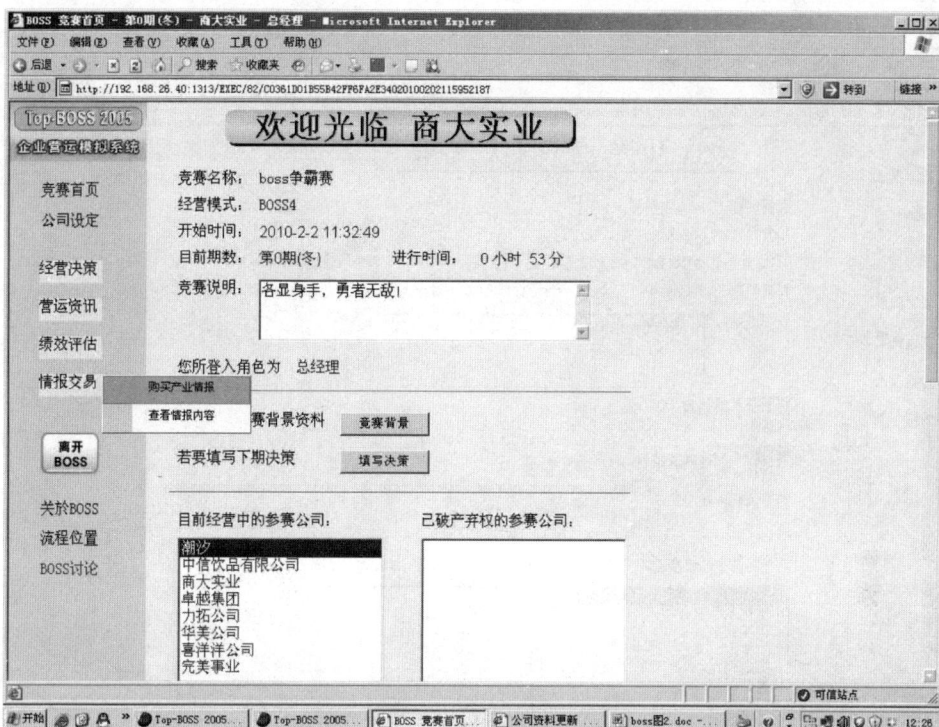

图 8-34　进入情报交易示意图

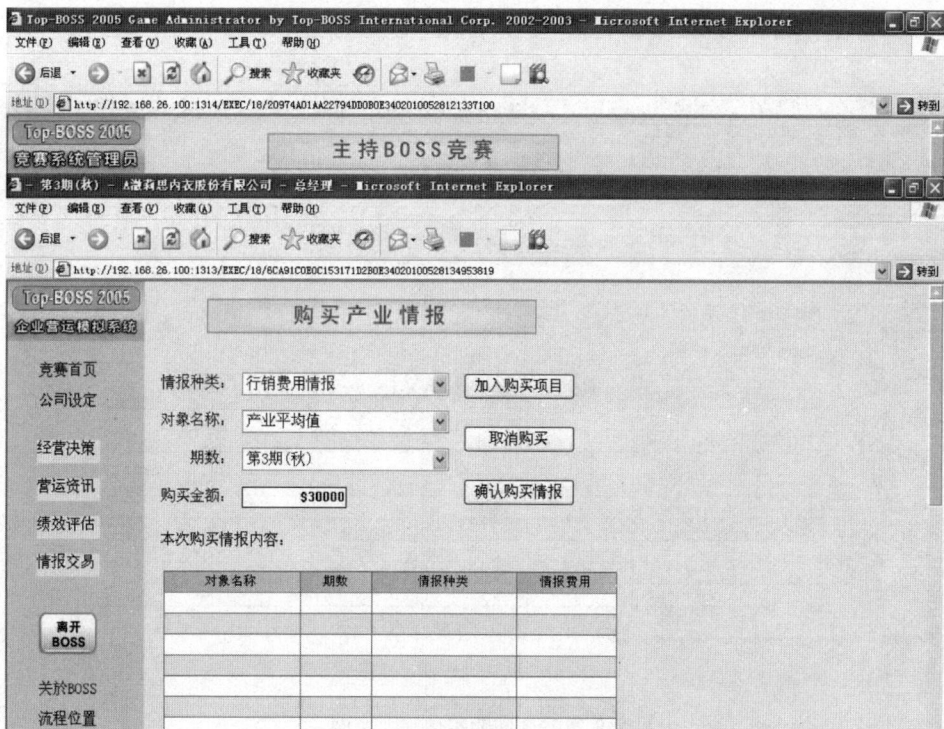

图 8-35　情报交易一览图

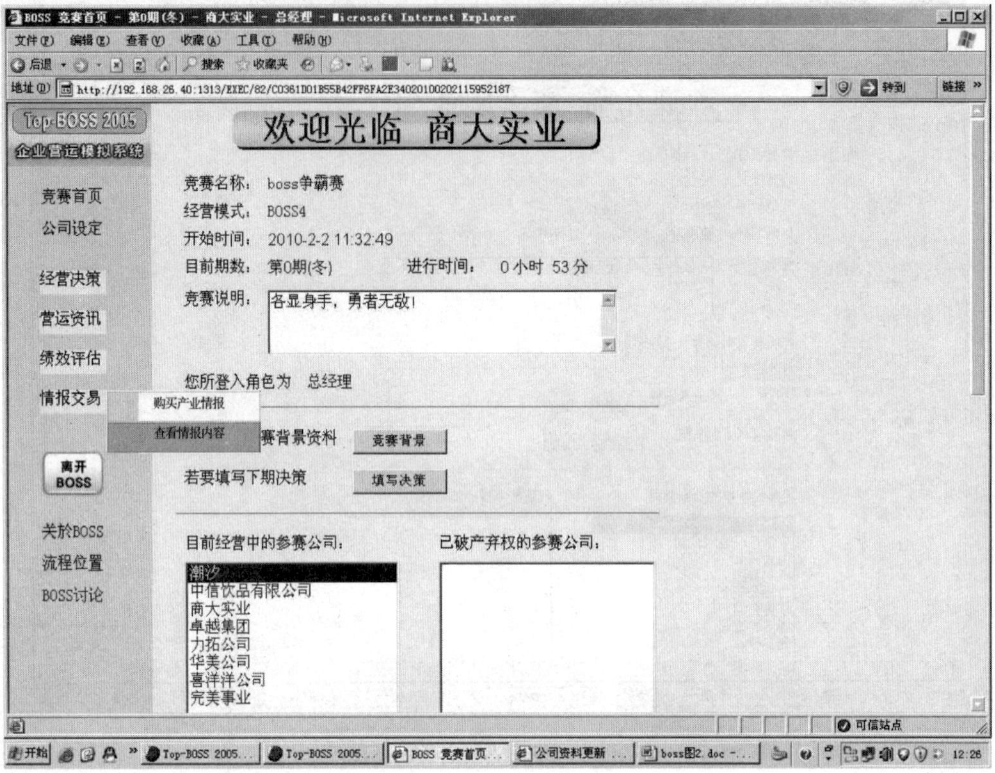

图 8-36　查看情报内容示意图

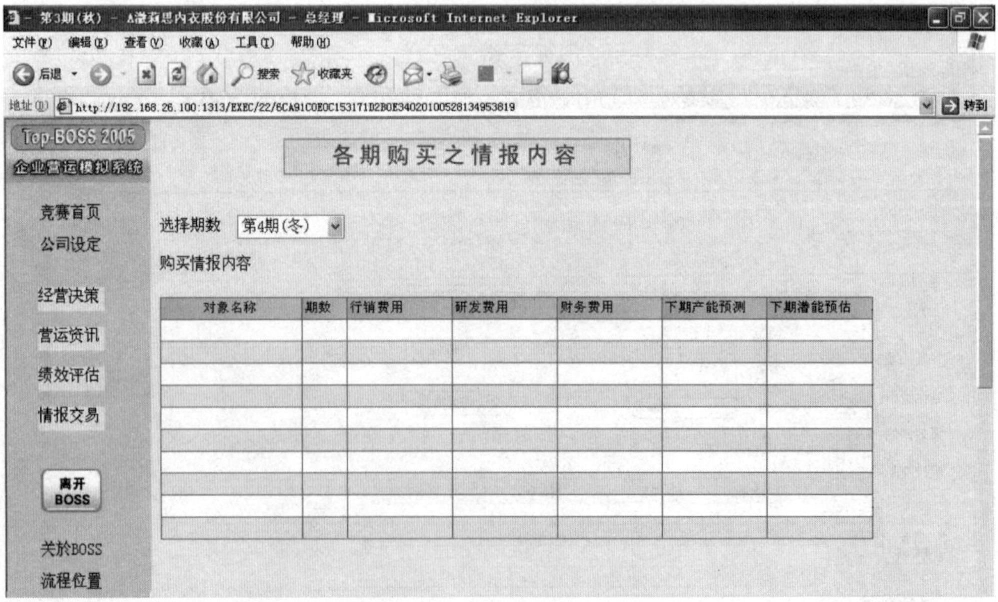

图 8-37　各期购买情报一览图

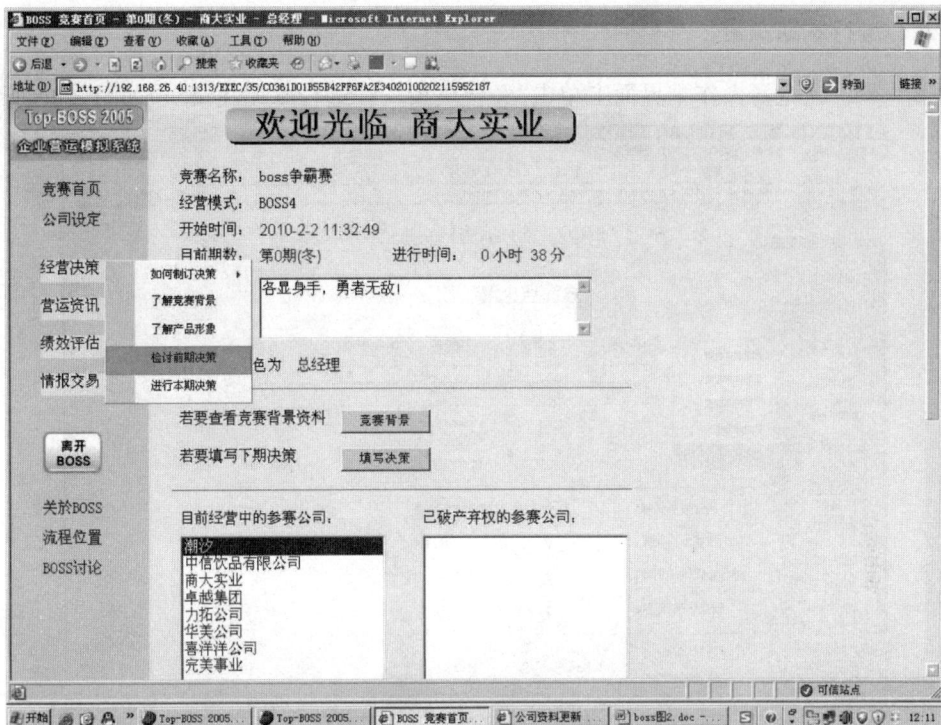

图 8-38 进入前期决策示意图

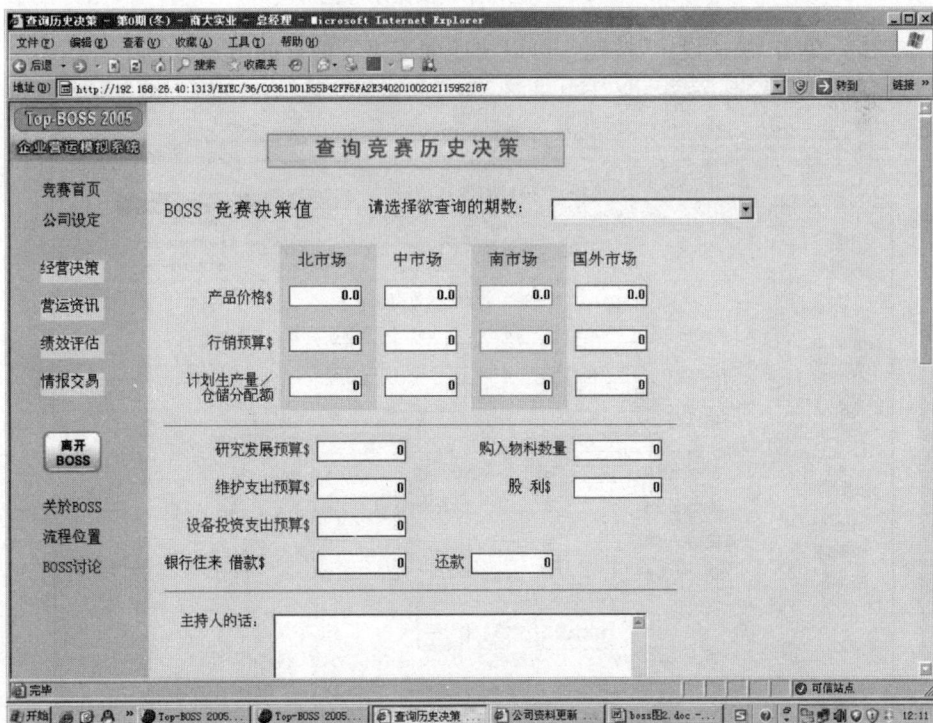

图 8-39 查询竞赛历史决策值

八、进行本期决策

第一步：在竞赛操作主界面上单击"经营决策"→"进行本期决策"，如图 8-40 所示。

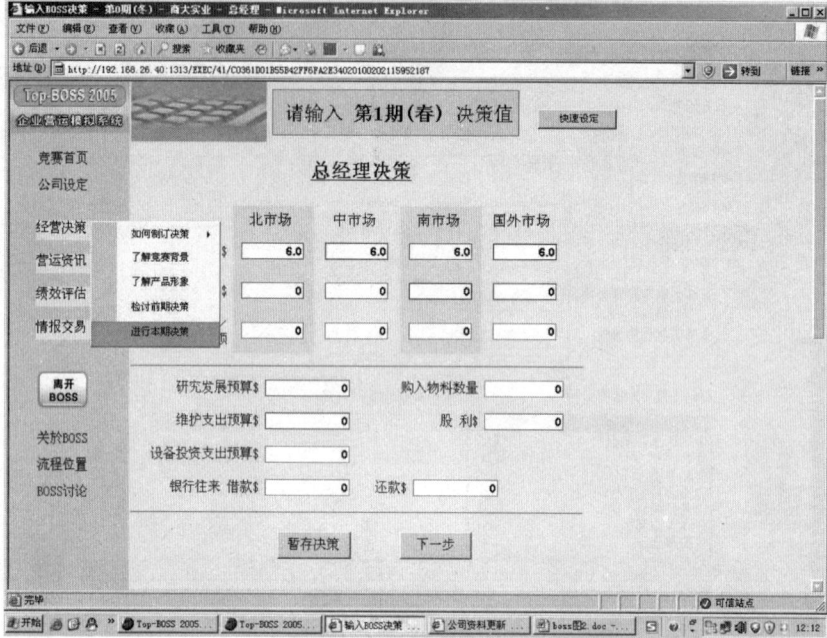

图 8-40　进入本期决策示意图

第二步：单击"快速设定"按钮，可以快速确定决策值，如图 8-41 所示。

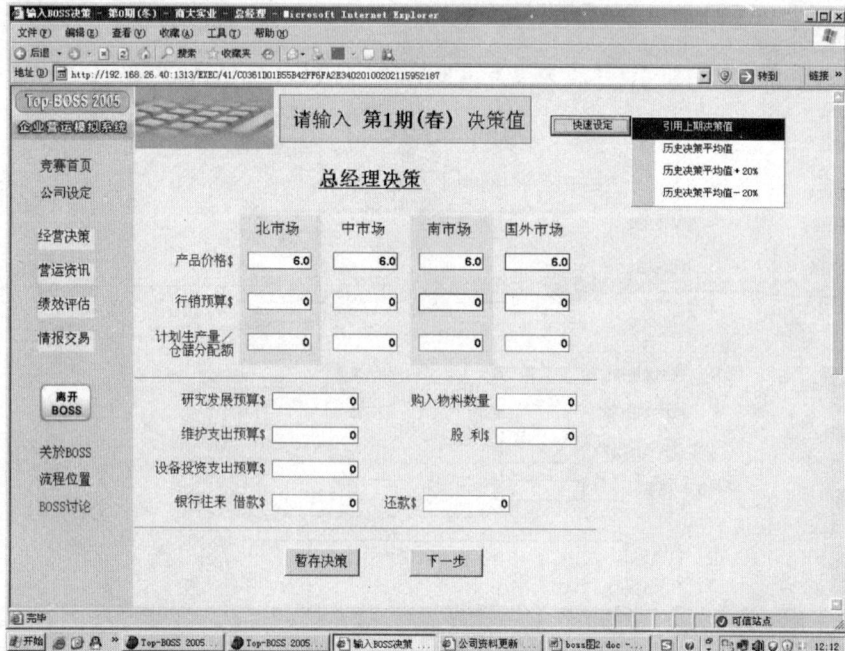

图 8-41　本期决策界面

第三步：可以单击"暂存决策"按钮，暂时保存决策值，如图 8-42 所示。

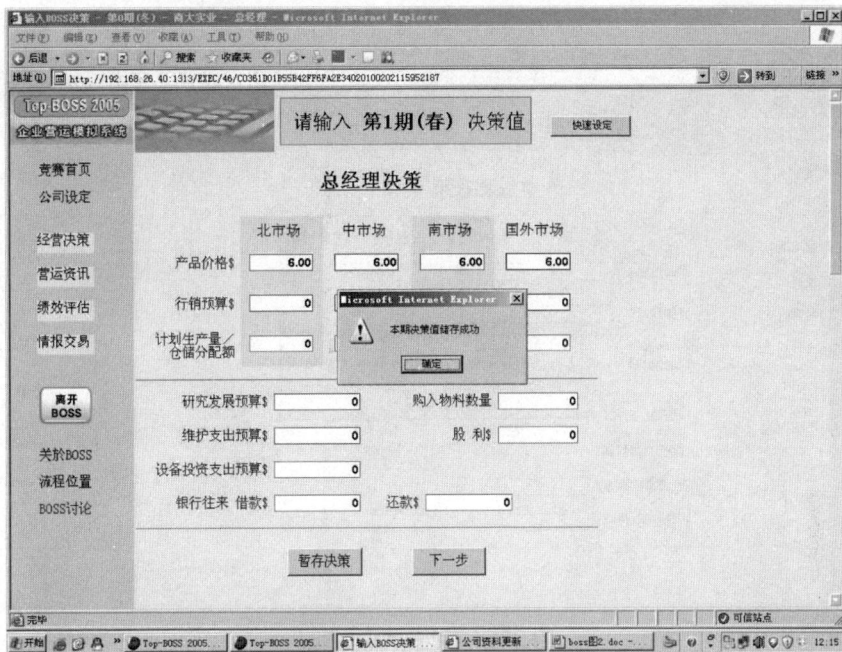

图 8-42 暂存决策界面

第四步：单击"确定"按钮，暂时保存决策值成功。

第五步：确定决策值无误后，单击"下一步"按钮，提交决策值，如图 8-43 所示。

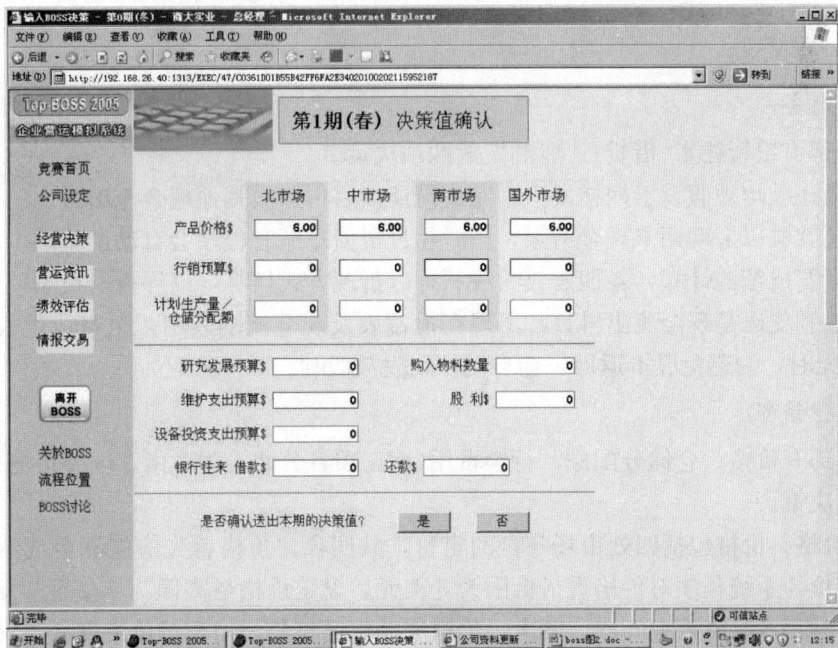

图 8-43 提交决策界面

第六步：单击"是"按钮，提交本期决策，如图 8-44 所示。

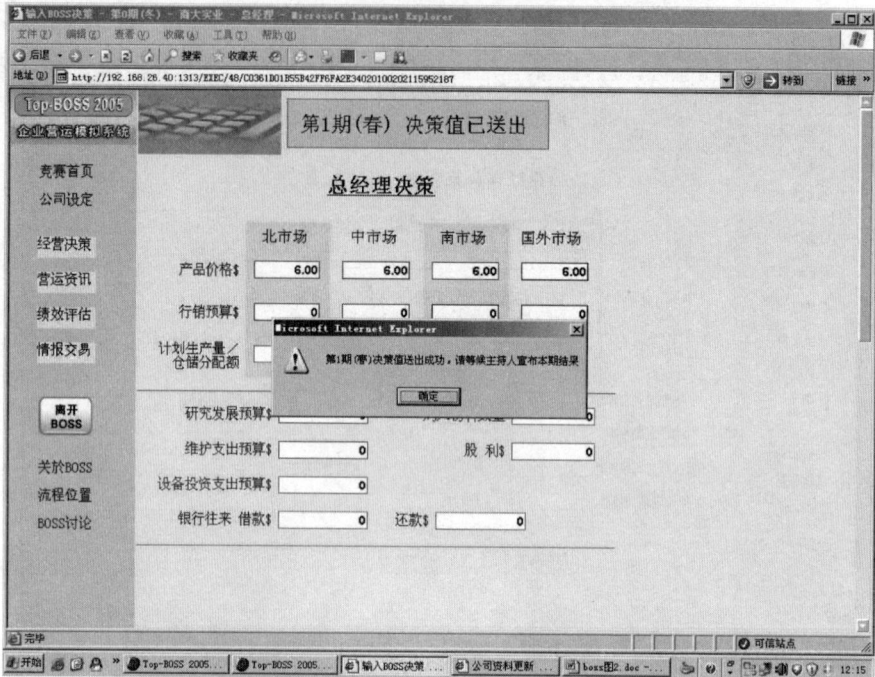

图 8-44　决策提交成功界面

第七步：单击"确定"按钮，本期决策提交成功。

决策依部门分为财务部、行销部、生产部、企划部、采购部五种，它们各有不同的决策项目。除总经理外，各部门能对自己的部门决策修改，对其他部门的决策仅可浏览参考。

（一）财务部

财务部有银行往来（借贷）、股利发放两项决策。

（1）借还款均被假设于期初发生，完成借还款后再加减其他现金流出入。

（2）还款额以上期期末现金为限，同时超过负债总额时程序会自动调整减少。

（3）竞赛成绩的计算、各期发放的股利均以折现方式换算，以评投资报酬率。

（4）股利支出是现金流出科目，出现在损益表及现金流动表中，但当业主权益小于650 万美元时，为避免股本返回，会自动停止发放股利。

（二）行销部

行销部有价格、仓储分配额、行销费用（前三项各分北、中、南、国外市场）、研发费用四项决策。

（1）价格。价格包括四处市场各自的定价，共四项。价格首先应能涵盖成本，为避免恶性降价，系统程序对价格设最低限为 3 美元，设定价格最高限为 9 美元，价格为 9 美元以上时，产品将无人问津。其次，价格变动幅度与各公司相对价格高低是决定该公司接获订单总额（市场潜能）大小的重要决定因素。各市场对价格变动的敏感程度请参阅竞赛环境背景一览表中价格弹性项目。

（2）仓储分配额。本决策区分四处市场各自的分配额。这项决策有两层意义，其一是先决定总仓储分配额，其二是决定运送各处市场仓库的分配额。为简化起见，以四处市场分配额的总和为总仓储分配额。总仓储分配额受到产能及原物料存货量两项限制，可能有决策值与实际值不同的情形发生。各仓储分配额的多少，将直接影响该公司在各市场的最大可销售数量。

（3）行销费用。行销费用也包括四处市场各自的决策。行销费用是决定该公司在各市场接获订单数额的另一重要因素。行销活动有小幅递延的效果，投入行销费用除对本期有效外，还对次期有若干好处。行销活动有所谓门槛效果，当各期累计行销费用达到某些定点后，其效果会增强。有关竞赛各市场行销活动的重要程度，请参阅竞赛环境背景一览表中行销活动影响项目。

（4）研发费用。研发费用为公司整体性决策。研究发展费用对市场开发有其一定影响力，换言之，研发活动可提高产品品质、增加产品竞争力，也是决定该公司市场潜能的另一要素。此外，研发费用也对提高材料使用效率、降低产品成本、简化工作、节省人工成本有影响。对行销费用而言，研发费用更具大幅递延效果，即表示研究发展是更为长期性工作。就市场开发方面来说，研发费用支出也有其门槛效果。竞赛中研发费用的重要程度，请参阅竞赛环境背景一览表中研究发展项目。

（三）生产部

生产部有维护费用一项决策。

（1）维护工作能使机器设备正常运转，保持材料使用水准，进而稳定材料成本。

（2）维护支出的多寡亦对稳定人工成本有其作用。

（3）在稳定材料及人工成本方面，维护支出较研发支出更具影响力。

（四）企划部

企划部有设备投资一项决策。设备投资可增加机器设备资产额，并提高产能，每投资 20 美元可扩充一个单位产能。此外，在竞赛中，若设定有投资抵减，设备投资还有节税的好处。

（五）采购部

采购部有购料数量一项决策。当期决策决定采购的物料被假设在期末送达，换言之，当期所购物料于次期才可动用。当上期物料存货不够生产所需时，系统程序会自动产生紧急购料行动，即从本期的购料数量中挪用一部分，假设由原物料供应商紧急提供、在期中送达。其会增加相当多的额外费用，而且紧急采购的物料于本期耗尽，可供下期生产所用的物料仅余原购料决策值的一部分，其公式为：期末原物料数量 = 购料数量决策值－紧急购料数量。

原材料市场价格由当期原材料市场需求状况而定，采购金额为市价×购料数量。

九、决策完成退出

当决策完成后想退出系统时，单击竞赛主界面上的"离开 BOSS"按钮，如图 8-45 所示。

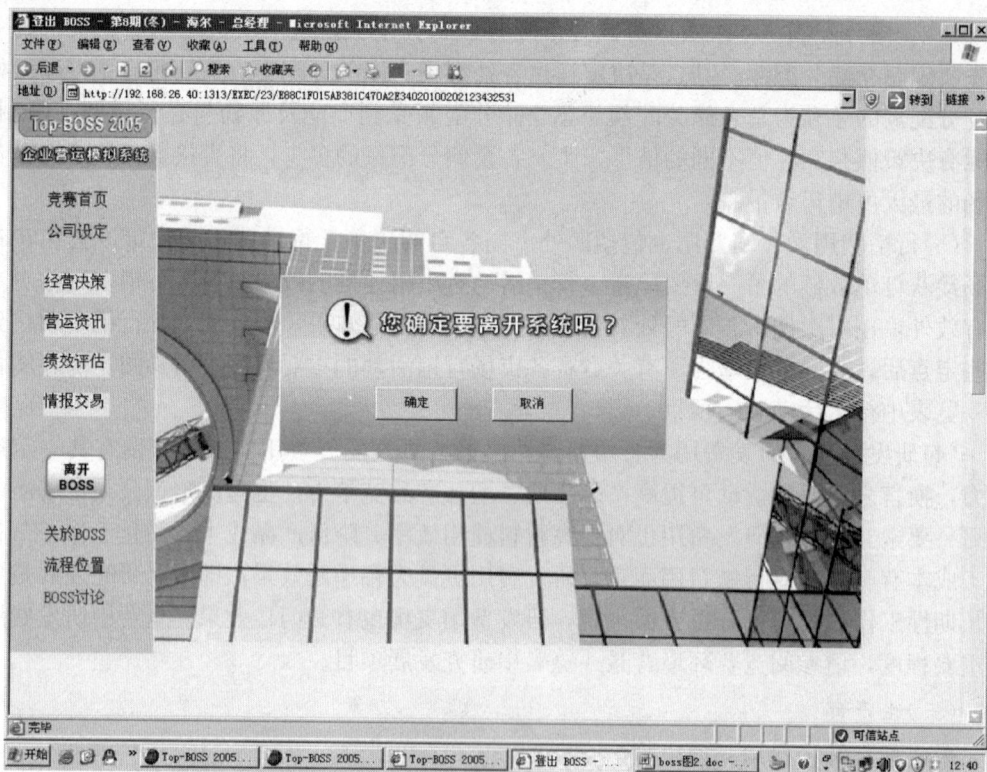

图 8-45　退出系统界面

单击"确定"按钮，即可退出系统。

第九章

公司绩效评估

利用绩效评估报表提供的辅助资讯，可以为初次参加竞赛的公司指出公司当前的优势与劣势，参赛公司可据以进行决策。

■ 第一节　企业策划部门

第一步：单击"绩效评估"→"企划部门"，如图 9-1 所示。

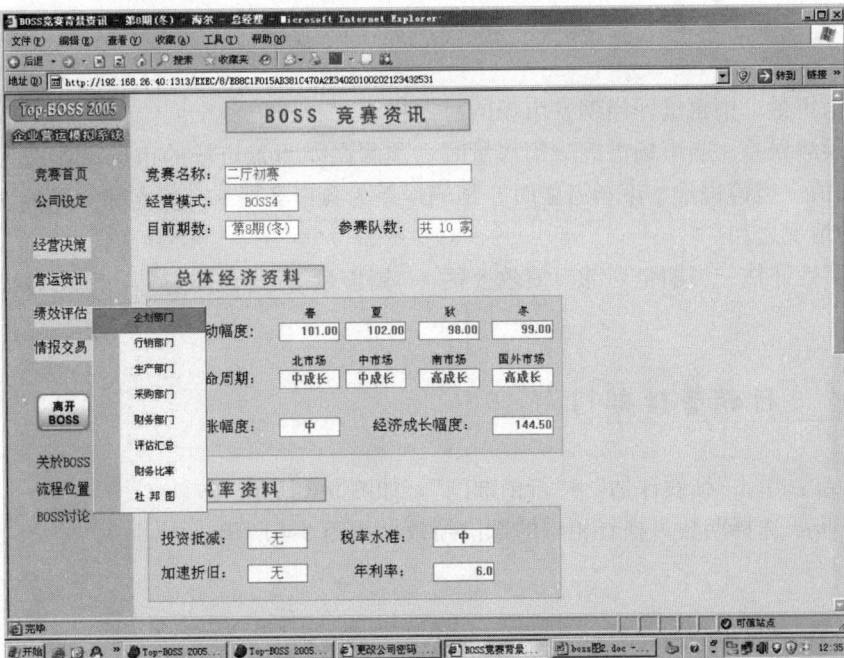

图 9-1　进入企划部门绩效评估步骤

第二步：选择期数，查看相应的部门绩效，如图 9-2 所示。

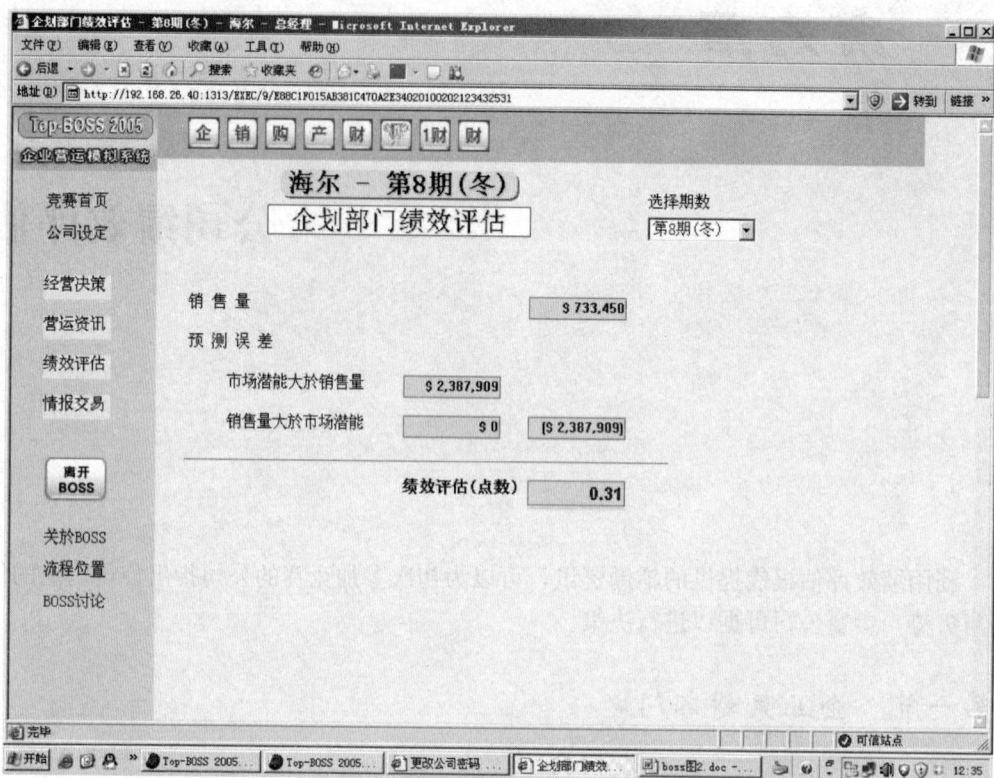

图 9-2 查看企划部门绩效评估

(1)销售量。销售量即当期各市场的总销售量。

(2)预测误差。当市场潜能＞销售量时，预测误差为各市场的市场潜能减去销售量后的累加值。当销售量＞市场潜能时，预测误差为各市场期末存货之和。预测误差总计为前两种情况之和。

(3)绩效评估。当期企划部门绩效评估 ＝ 销售量/预测误差总计，其值越大，绩效越佳。

■第二节 行销管理部门

第一步：单击"绩效评估"→"行销部门"，如图 9-3 所示。

第二步：选择期数，查看相应的部门绩效，如图 9-4 所示。

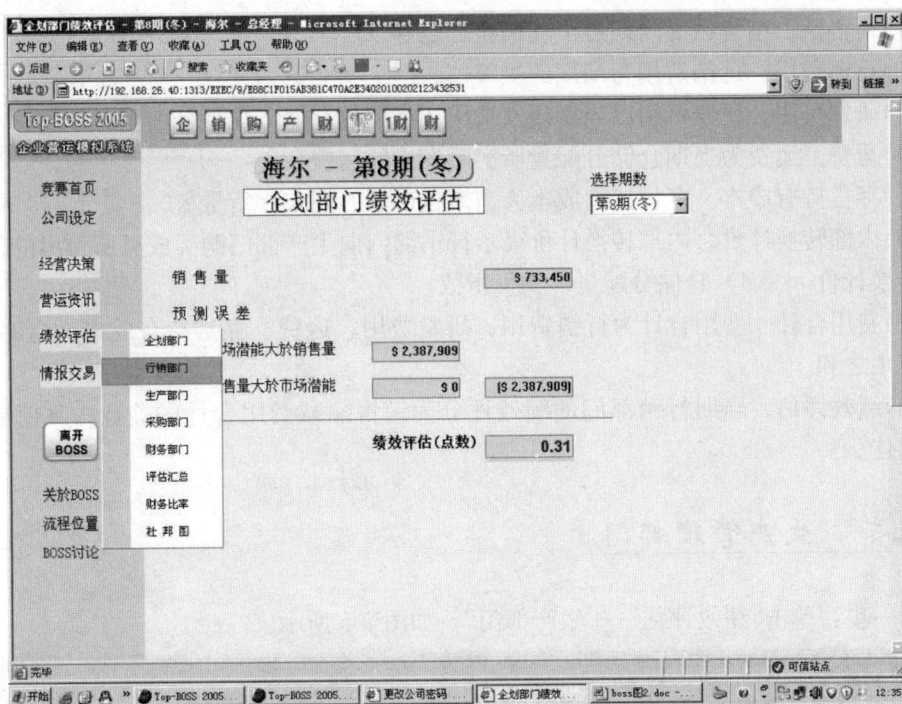

图 9-3 进入行销部门绩效评估示意图

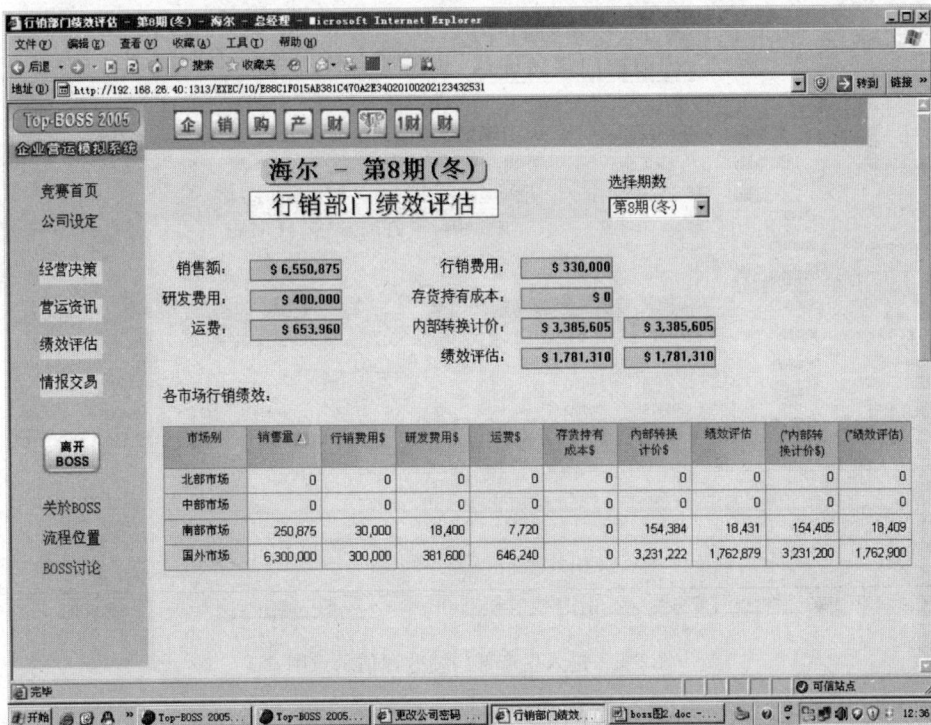

图 9-4 查看行销部门绩效评估

(1)销售额。销售额为当期各市场销售额之和。

(2)行销费用。行销费用为当期的决策值。

(3)研发费用。研发费用以当期研发费用按当期的仓储分配量分摊至各市场。

(4)运费。运费为当期仓储分配量所实际发生的运费。

(5)存货持有成本。存货持有成本为当期各市场的期末存货量×0.5美元。

(6)内部转换计价。内部转换计价表示行销部门向生产部门购买成品所付出的代价。内部转换计价 ＝ ＄4×仓储分配量×物价指数。

(7)费用合计。费用合计为行销费用、研发费用、运费、存货持有成本、内部转换计价五项之和。

(8)绩效评估。当期行销部门的绩效评分为销售额减费用合计的差数，其值越大，绩效越佳。

第三节 生产管理部门

第一步：单击"绩效评估"→"生产部门"，如图9-5所示。

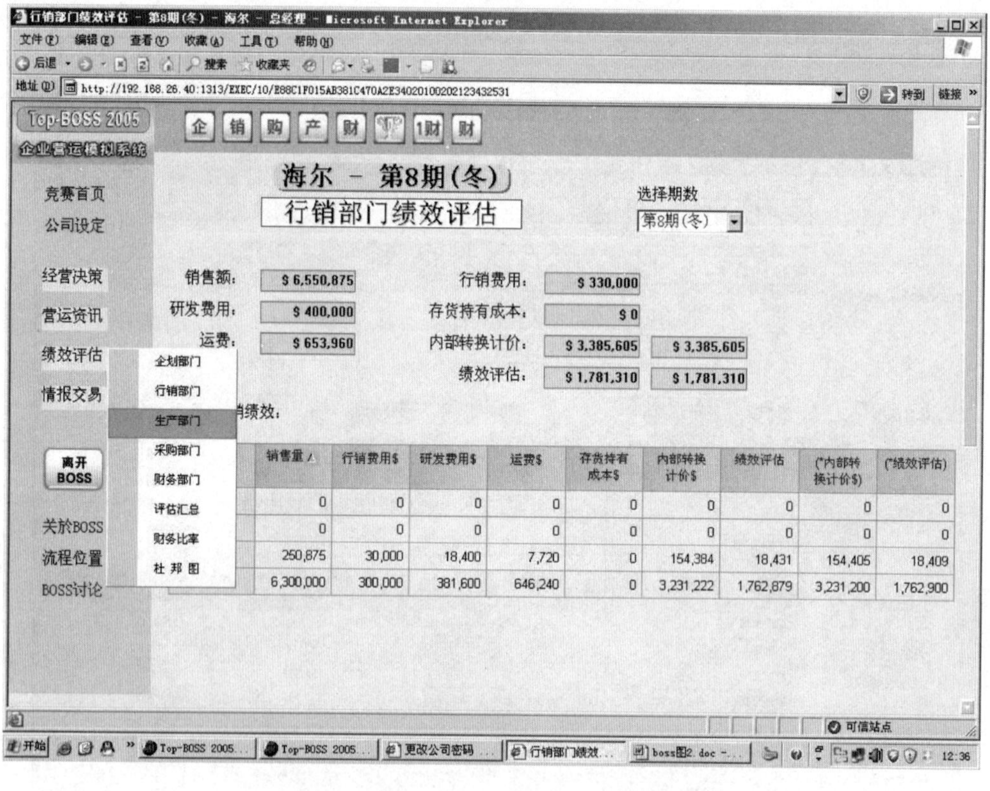

图9-5 进入生产部门绩效评估示意图

第二步：选择期数，查看相应的部门绩效，如图9-6所示。

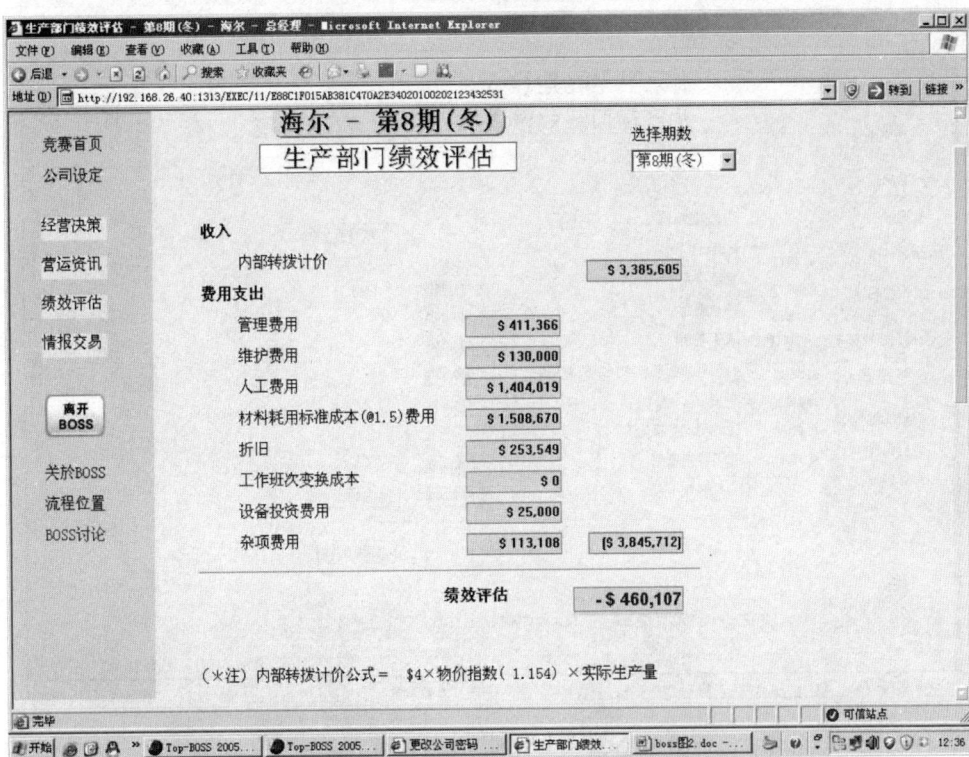

图 9-6　查看生产部门绩效评估

（1）内部转换计价。内部转换计价同行销部门绩效评估报表的项目。

（2）材料耗用标准成本。材料耗用标准成本表示生产部门向采购部门领用材料所支付的费用，材料耗用标准成本为当期材料耗用量×＄1.5。

（3）总费用支出。总费用支出为管理费用、维护费用、人工费用、材料耗用标准成本、折旧、工作班次转换成本、设备投资费用、杂项费用八项的累加值。

（4）绩效评估。当期生产部门绩效＝收入－费用支出，其值越大，绩效越佳。其中，管理费用、维护费用、人工费用、折旧、工作班次变换成本、设备投资费用、杂项费用七项皆为当期值，来自于损益表。

第四节　采购管理部门

第一步：单击"绩效评估"→"采购部门"，如图 9-7 所示。

第二步：选择期数，查看相应的部门绩效，如图 9-8 所示。

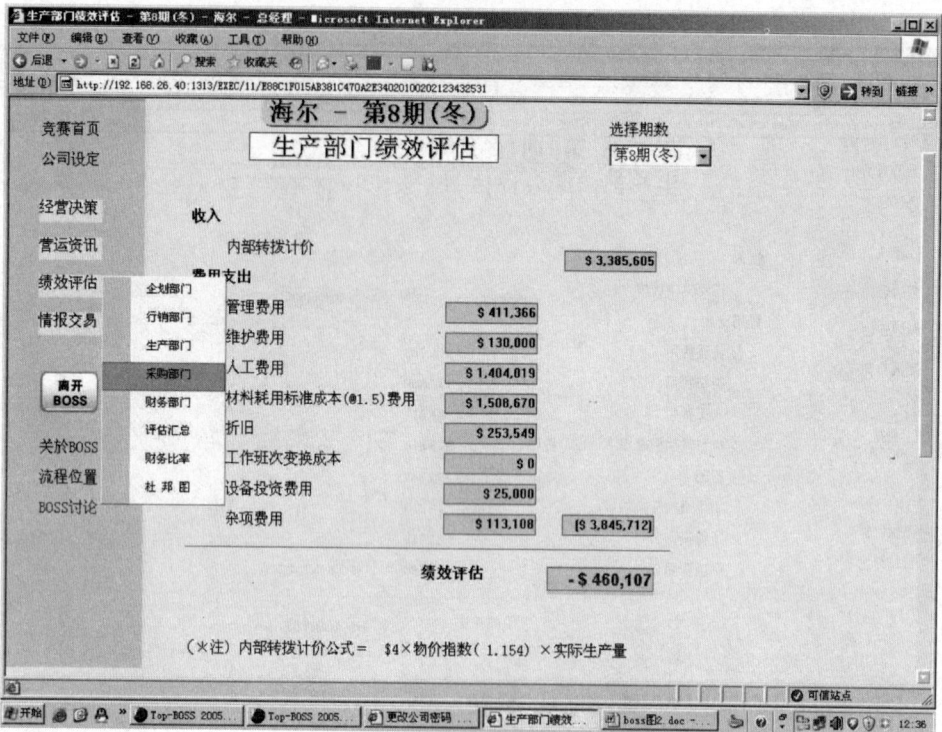

图 9-7　进入采购部门绩效评估示意图

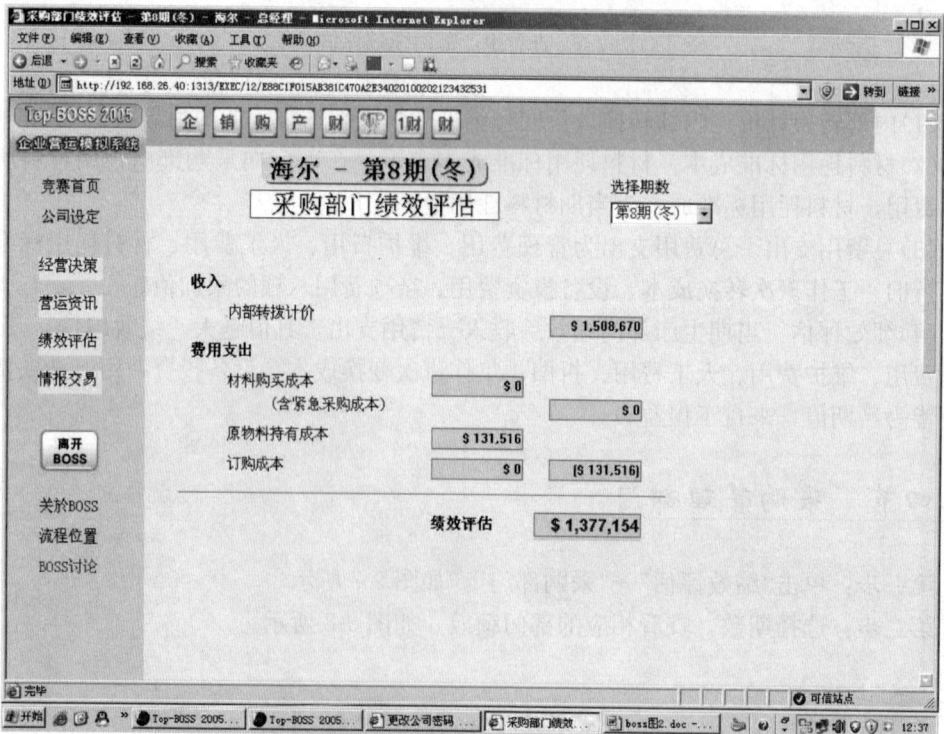

图 9-8　查看采购部门绩效评估

（1）内部转拨计价。内部转拨计价同生产部门的材料耗用标准成本费用项数字。

（2）材料购买成本。材料购买成本为当期市场所正常购买的材料总值。

（3）原物料持有成本。原物料持有成本来自损益表。

（4）订购成本。订购成本也来自损益表。

（5）紧急采购费用。当上期材料不够本期生产所需时，即发生本费用。此时每单位材料价格约为 1.5 美元＋当期材料市价。

（6）费用支出总额。费用支出总额为材料购买成本、原物料持有成本、订购成本、紧急采购费用四项累加值。

（7）绩效评估。绩效评估＝收入－费用支出，其值越大，绩效越佳。

第五节　财务管理部门

第一步：单击"绩效评估"→"财务部门"，如图 9-9 所示。

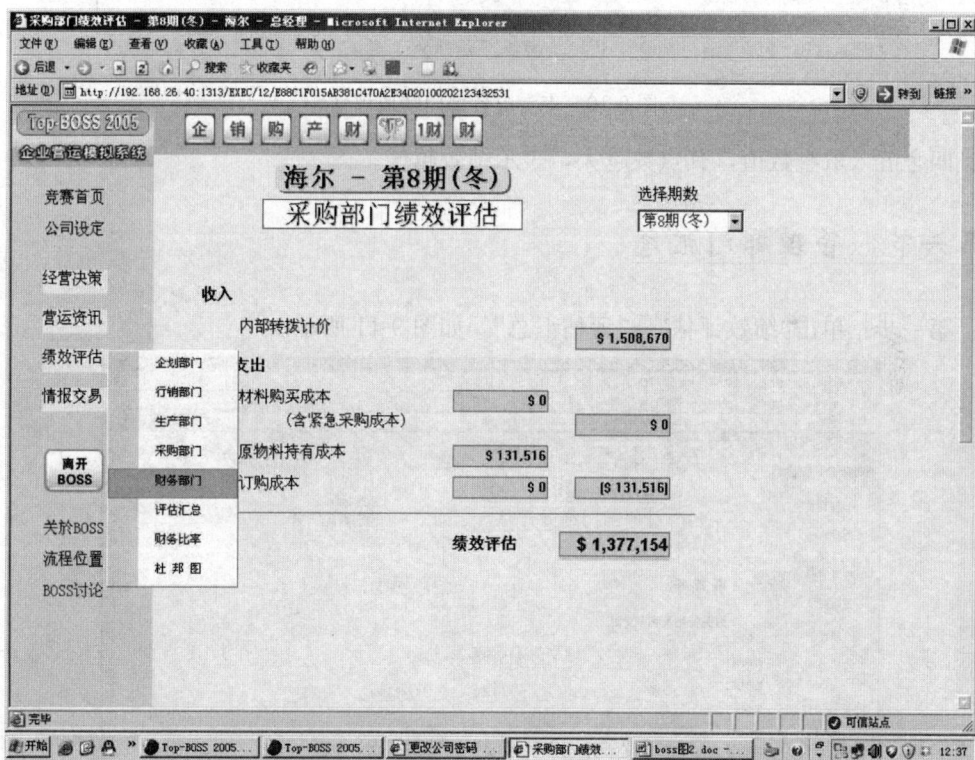

图 9-9　进入财务部门绩效评估示意图

第二步：选择期数，查看相应的部门绩效，如图 9-10 所示。

（1）销售额。销售额为当期各市场销售额之和。

（2）财务费用及利息支出。财务费用及利息支出来自损益表。

（3）绩效评估。当期财务部门绩效之点数表示为销售额÷财务费用及利息支出总额，

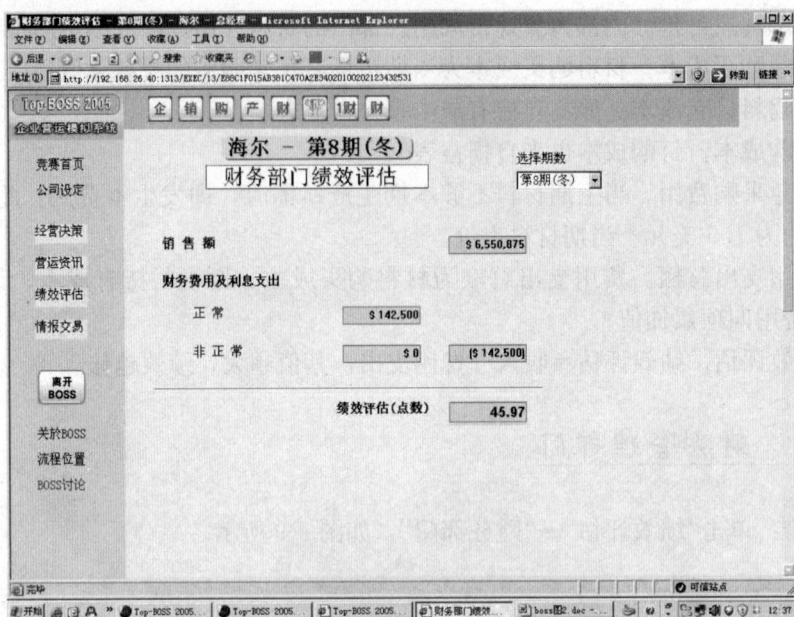

图 9-10　查看财务部门绩效评估

并且四舍五入取整数值，其点数越大，表示绩效越佳。

第六节　管理部门汇总

第一步：单击"绩效评估"→"评估汇总"，如图 9-11 所示。

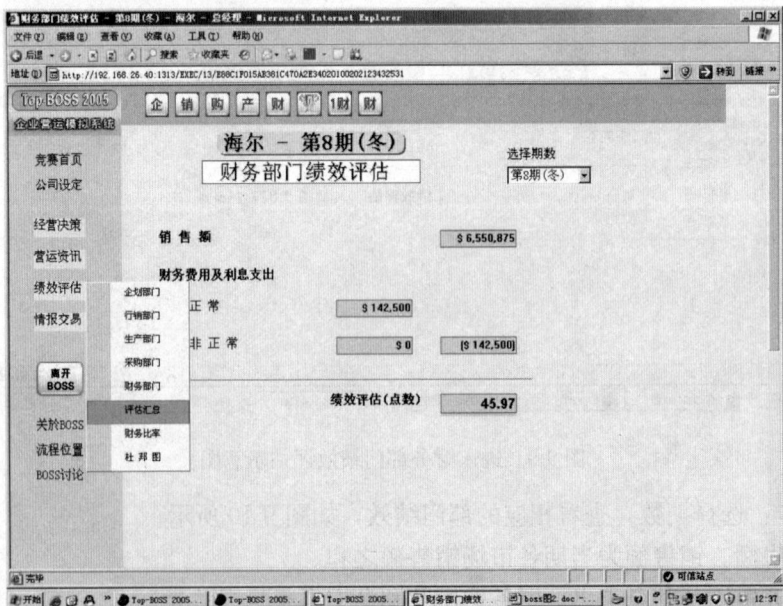

图 9-11　进入评估汇总示意图

第二步：选择期数，查看相应的各公司部门绩效汇总，如图 9-12 所示。

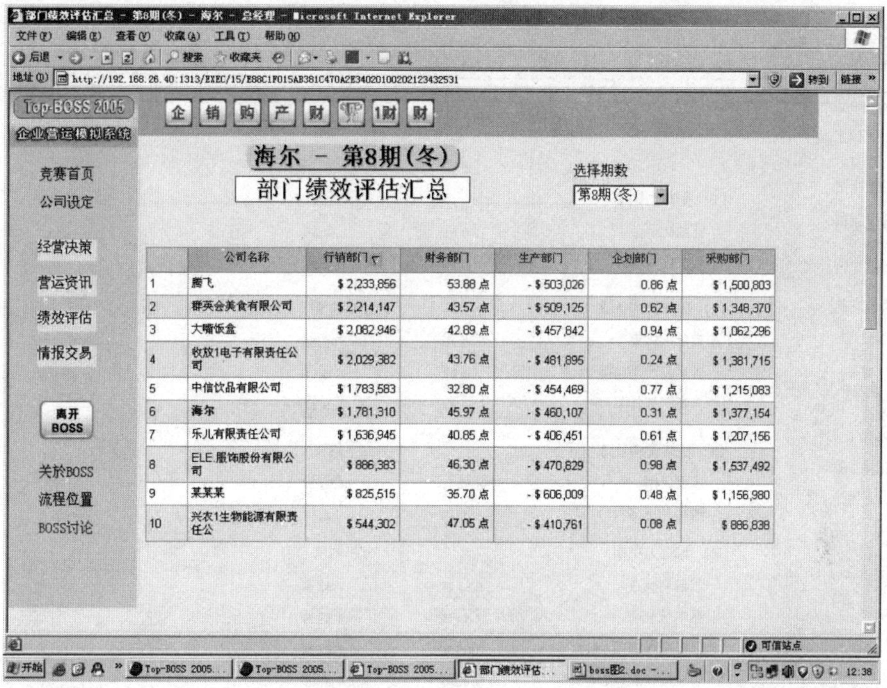

图 9-12 部门绩效评估汇总一览图

第三步：单击"绩效评估"→"财务比率"，如图 9-13 所示。

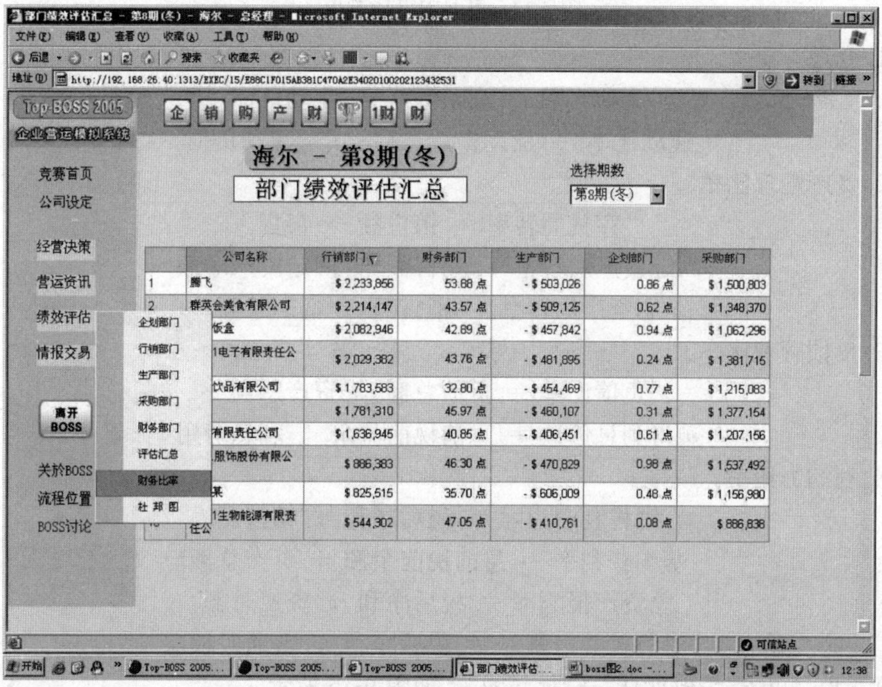

图 9-13 进入财务比率示意图

第四步：选择期数，查看相应的公司财务比率，如图9-14所示。

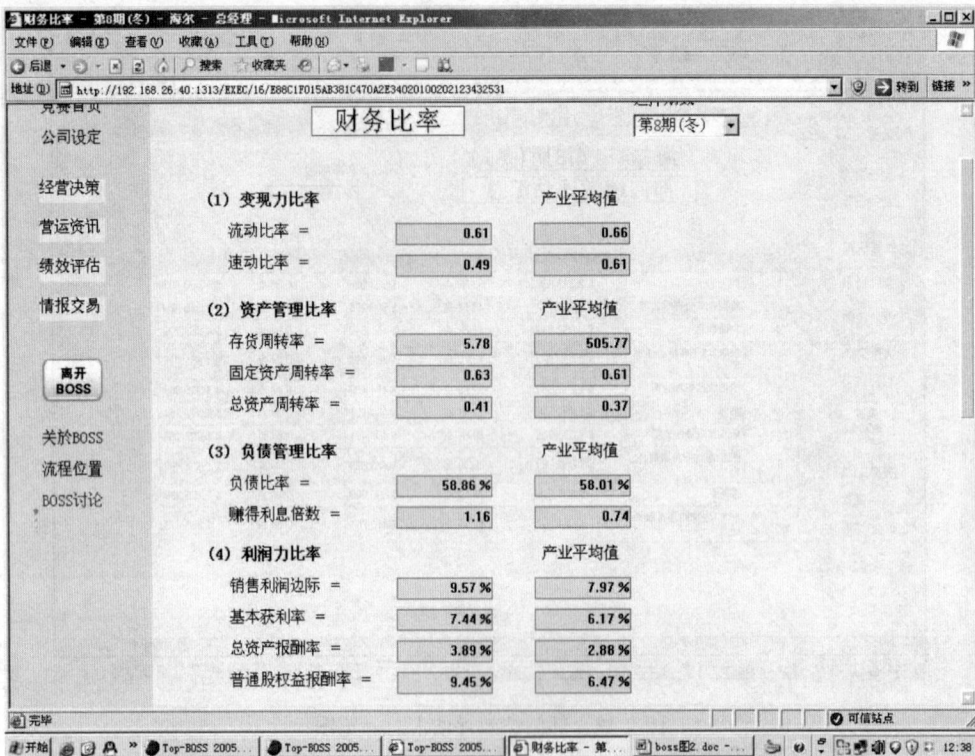

图9-14 查看财务比率情况

(1)变现力比率。

$$流动比率 = 流动资产 \div 流动负债$$
$$速动比率 = (流动资产 - 存货) \div 流动负债$$

(2)资产管理比率。

$$存货周转率 = 销售额 \div 存货$$
$$固定资产周转率 = 销售额 \div 固定资产净额$$
$$总资产周转率 = 销售额 \div 资产总额$$

(3)负债管理比率。

$$负债比率 = 负债总额 \div 资产总额$$
$$赚得利息倍数 = 息前税前盈余 \div 利息费用$$

(4)利润力比率。

$$销售利润边际 = 税后净利 \div 销售额$$
$$基本获利率 = 息前税前余额 \div 资产总额$$
$$总资产报酬率 = 税后净利 \div 资产总额$$
$$普通股权益报酬率 = 税后净利 \div 普通股权益$$

第五步：单击"绩效评估"→"杜邦图"，如图9-15所示。

第六步：选择期数，查看相应的杜邦图，如图9-16所示。

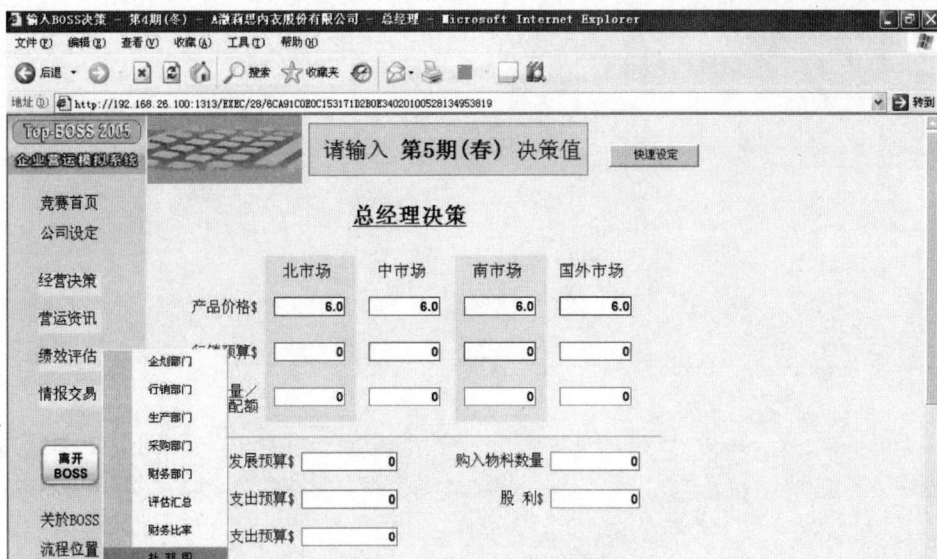

图 9-15 进入杜邦图示意图

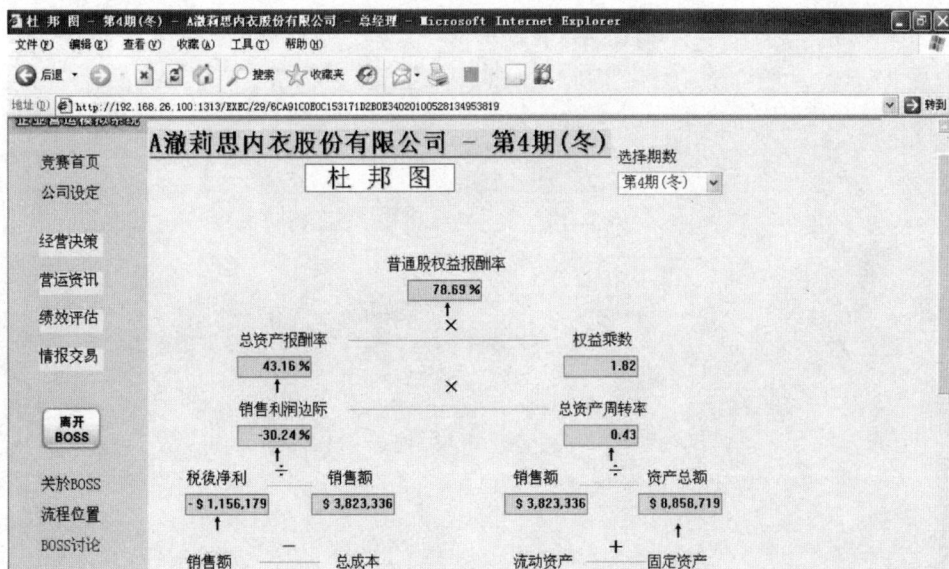

图 9-16 查看杜邦图

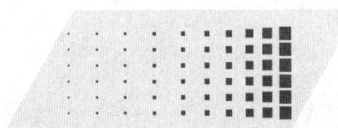

下 篇

提 高 篇

第十章

Top-Boss 公式集锦

■ 第一节 业务状况表

1. 制成品存货

期末制成品存货＝上期存货＋本期实际生产量－本期实际销售量

式中，本期实际生产量为各仓库仓储分配量之和。

2. 原材料存货

原材料存货＝上期原材料存货＋本期购料数量－本期原材料消耗量

本期原材料消耗量＝生产数量/材料转换系数

3. 下期产能

下期产能＝0.975×本期产能＋本期设备投资金额/（＄20×物价指数）

■ 第二节 资产负债表

1. 制成品存货价值

制成品存货价值＝期末标准单价×制成品存货数量

$$期末标准单价＝\frac{上期标准单价×（上期存货－本期实际销售量）＋＄3×本期实际生产量×物价指数}{上期存货－本期实际销售量＋本期实际生产量}$$

2. 原材料存货价值

原材料存货价值＝原材料单位价值×期末原材料存货数量

3. 设备账面价值及重置成本

设备账面价值＝期初设备账面价值－账面折旧＋本期决策之设备投资

设备重置成本＝＄20×期末产能（即下期产能）×物价指数

4. 业主权益及经济权益

期末业主权益＝上期业主权益＋本期业主权益增加额

期末经济权益＝期末业主权益－设备账面价值＋设备重置成本

5. 正常负债

本期期末正常负债＝上期期末负债(包括正常和非正常)总额＋本期正常借款金额
　　　　　　　－本期还款金额

第三节　损益表

1. 管理费用

在一班制的生产状态下，管理费用计算公式如下：

(1)若生产量≤产能，则固定费用为 150 000 美元，变动费用率为 0.32 美元。

$$管理费用＝(150\,000＋0.32×产能)×物价指数$$

(2)若生产量＞产能，则固定费用为 150 000 美元，变动费用率为 0.32 美元，另增加 50 000 美元加班费。

$$管理费用＝(150\,000＋0.32×产能＋50\,000)×物价指数$$

在轮班制的生产状态下，管理费用计算公式如下：

(1)若生产量≤一班制产能，

$$管理费用＝(175\,000＋0.32×产能)×物价指数$$

(2)若一班制产能＜生产量≤1.35 倍产能，

$$管理费用＝(200\,000＋0.32×产能)×物价指数$$

(3)若 1.35 倍产能＜生产量≤2 倍产能，

$$管理费用＝(275\,000＋0.32×产能)×物价指数$$

(4)若 2 倍产能＜生产量≤2.5 倍产能，

$$管理费用＝(295\,000＋0.32×产能)×物价指数$$

(5)若 2.5 倍产能＜生产量≤3 倍产能，

$$管理费用＝(400\,000＋0.32×产能)×物价指数$$

2. 人工费用

一班制：

(1)若生产量≤一班产能，

$$人工费用 ＝ 单位成本×生产数量$$

(2)若一班产能＜生产量≤1.5 倍产能，

$$人工费用 ＝ 单位成本×一班生产数量＋1.5×单位成本×加班生产数量$$

轮班制：

(1)若生产量≤一班产能，

$$人工费用 ＝ 单位成本×实际生产数量$$

(2)若一班产能＜生产量≤1.35 倍产能，

$$人工费用 ＝ 单位成本×一班生产数量＋1.5×单位成本×加班生产数量$$

(3)若 1.35 倍产能＜生产量≤2 倍产能，

$$人工费用 ＝ 单位成本×实际生产数量$$

(4)若 2 倍产能＜ 生产量≤2.5 倍产能,

人工费用 ＝ 单位成本×二班生产数量 ＋ 1.5×单位成本×加班生产数量

(5)若 2.5 倍产能＜ 生产量≤3 倍产能,

人工费用 ＝ 单位成本×实际生产数量

3. 材料耗用

当期实际材料耗用价值＝当期实际耗用材料数量×材料单位成本

$$材料单位成本 = \frac{当期购料金额＋上期原材料存货价值}{当期购料数量＋上期原材料存货数量}$$

当期购料金额(不含紧急采购)＝当期购料数量×期初原材料市价

4. 销售成本修正额

(1)当实际销售量≥上期存货时,

销售成本修正额＝上期制成品存货价值－本期制成品存货价值

(2)当实际销售量 ＜ 上期存货时,

销售成本修正额＝上期期末标准单价×本期实际销售量

$－\$3×本期实际生产量×物价指数$

5. 折旧

直线折旧＝期初设备账面价值×2.5％

加速折旧＝期初设备账面价值×3.125％

6. 制成品存货持有成本

每单位的制成品存货成本约为 0.5 美元,所以:

制成品存货持有成本＝$\$0.5×$期末制成品存货数量(各仓库期末值之和)

$×物价指数$

7. 原材料持有成本

原材料持有成本＝期初原材料存货价值×5％

8. 设备投资费用

设备投资费用＝0.000 000 1×(设备投资支出)^2

9. 财务费用及利息支出

利息计算可以分为两部分,即

正常负债利息＝上期正常负债额×银行利率

当负债＜业主权益时,

银行利率＝年利率×0.25

当负债＞业主权益时,

$$银行利率 = 年利率×\left[0.25＋\left(\frac{上期正常负债额}{上期业主权益}×\frac{1}{8}\right)^2\right]$$

$$非正常负债利息 = 上期非正常负债额×\left(\frac{上期负责总额}{上期业主权益}×0.5\right)^2×年利率$$

10. 运费

北区市场：运费＝$\$0.00×$仓储分配量×物价指数。

中区市场：运费＝$\$0.10×$仓储分配量×物价指数。

南区市场：运费＝＄0.20×仓储分配量×物价指数。

国外市场：运费＝＄0.80×仓储分配量×物价指数。

11. 杂项费用（半固定费用）

$$杂项费用＝（10\,000＋0.18×本期产能）×物价指数$$

12. 税前净利

$$税前净利＝销售收益－总费用支出$$

13. 营业所得税

正常营业所得税税率如表 10-1 所示。

表 10-1　所得税税率水准

税前净利	税率水准/%		
	低	中	高
净利≤20 万美元	18	22	26
20 万美元＜净利≤50 万美元	28	35	42
50 万美元＜净利≤100 万美元	38	48	58
100 万美元＜净利	44	55	66

如果竞赛环境背景设置有投资抵减，则还可以从正常营业所得税中扣减 3.5% 的设备投资额。

$$营业所得税＝税前净利×相应税率－当前设备投资额×3.5\%$$

14. 税后净利

$$税后净利＝税前净利－营业所得税$$

15. 业主权益增加额

$$业主权益增加额＝税后净利－股利支出$$

16. 订购成本

订购成本计算如表 10-2 所示。

表 10-2　原材料订购成本

订购单位/个	订购成本/美元
500 000 以下	40 000
500 001～1 000 000	80 000
1 000 001～1 500 000	120 000
1 500 001～2 000 000	160 000
2 000 000 以上	200 000

17. 紧急采购费用

$$紧急采购费用＝＄1.5×紧急采购的原材料数量$$

18. 工作班次转换费用

$$工作班次转换费用＝＄100\,000×物价指数×|当期班次－上期班次|$$

第四节 现金流量表

1. 购料支出

$$购料支出=当前购料金额+紧急采购费用$$

2. 当期购料金额

$$当期购料金额=当期的购料数量×期初原材料市价$$

第十一章

Top-Boss 运行常见问题

第一节　基本问题

1. 不熟悉 BOSS 规则和公式

(1)销售价格制定。系统规定产品售价只能在 3～9 美元，不能低于 3 美元，也不能高于 9 美元。

(2)破产的规定。当企业负债超过 10 倍所有者权益时，该企业将被宣告破产。

(3)NPV 值的计算方法。

$$\text{NPV 值} = \sum_{i=1}^{n-1} \frac{\text{第 } i \text{ 期股利}}{(1+k/4)^i} + \frac{\text{第 } n \text{ 期股利} + \text{第 } n \text{ 期期末经济权益}}{(1+k/4)^n} - \text{期初业主权益}$$

式中，n 代表竞赛期数；k 代表折现率，由竞赛主持人来决定。

期末经济权益＝期末业主权益－设备账面价值＋设备重置成本

(4)产能的影响因素及计算方法。产能主要受上期产能以及上期设备投资额的影响，本期产能＝0.975×上期产能＋上期设备投资金额/（＄20×物价指数）。如果原物料足够，且产能足够，则实际生产量 ＝ 预计生产量；如果原物料不足，或是产能不足，则实际生产量 ＝ 最大可生产量。

(5)正常和非正常借款的利息费用。利息计算可以分为两部分，即：①正常负债利息＝上期正常负债额×银行利率，其中，当负债＜业主权益时，银行利率＝年利率×0.25；当负债＞业主权益时，银行利率＝年利率×$\left[0.25 + \left(\frac{\text{上期正常负债额}}{\text{上期业主权益}} \times \frac{1}{8}\right)^2\right]$。

②非正常负债利息＝上期非正常负债额×$\left(\frac{\text{上期负责总额}}{\text{上期业主权益}} \times 0.5\right)^2$×年利率。

2. 不注意考虑经营环境的影响

(1)宏观经济环境，如经济增长趋势（经济成长指数）、通货膨胀率、税收政策等。

(2)市场环境，如各个市场的不同价格弹性、营销活动、市场占有率的递延效果对销售量的影响。

(3)自然环境，如不同季节对商品需求的影响(季节指数)。

3. 对企业内部业务资料及财务信息的研究不细

(1)初期业务状况表，如对市场潜能、销售量、生产产能的研究。

(2)初期损益表，如销售收益的大小，行销费用、研发费用、设备维护费用的投入。

(3)资产负债表，如可使用的现金量、该不该借款或还款等。

4. 不注意销售、生产与供应的协调(这方面问题最多也最大)

在经营决策过程中，很多公司经常出现市场潜能做得很大，而产品生产数量却很少，导致各个市场的仓库没有产品可卖，发生供应严重小于需求的糟糕情况。反之，市场开发得不好，市场潜能很小，而产品生产量却很多，导致各个市场的仓库库存量很大，大量产品卖不出去，发生供应严重大于需求的糟糕情况。当然，很多公司还会出现原材料供不应求，系统自动紧急采购，这样就产生大量不应有的费用等。所以，应该通过对各种经营信息进行深入分析，做出合理的市场预测，尽量保持销售、生产和供应的平衡和协调。

5. 技术、操作层面的问题

(1)产品定价的小数点要用英文格式，如用全角，系统会不识别，导致提交不了。

(2)填写决策值时不认真。有些公司在填写决策时多加或少加一个"0"，结果造成严重后果，甚至到达破产的境地。

(3)如果决策页面该填写的栏目都填写好，提交时系统提示有空格没有填，则是因为前面有过非法操作，这时要刷新一次，再填写。

(4)如遇到登录不上系统的情况，有两种可能：一是连线数不够(一般 120 个)，这就要求不看资料的学生把窗口关掉，离开系统，需要时再上。或者，检查一下，是否有人同时开多个窗口。二是查看一下服务器端的程序有没有打开或是已经死机，需要重启。

第二节　细节问题举例

(1)决策项目中价格弹性、营销活动、研究发展的概念及三者间的关系是什么？

①价格弹性。价格弹性是市场本身的属性，是反映产品销售量与产品销售价格之间关系的，由指导教师在产生竞赛时设定。如价格弹性小，则表示该市场的消费者不看重产品价格，而更看重产品的质量或品牌。反之，则看重价格。因此，在制定价格及投放仓储分配量决策时，首先要考虑该市场的价格弹性。

②营销活动。营销活动主要是指市场推广与促销活动，表现在产品形象和品牌度的提高上，对销售量(市场占有率)有较大影响，同时也对销售价格有一定影响。

③研究发展费用的影响。研究发展费用的投入对于销售价格、市场潜能及市场递延效果都会产生影响，表现在产品质量或品质、差异化和生产工艺改进方面。

④价格弹性、营销活动、研究发展三者之间的关系。三者是有相互联系与影响的。在做决策时首先要分析指导教师在各市场中不同的属性设置，如果北部市场价格弹性小、营销活动影响大、研发活动影响大，则在决策时(不考虑竞争对手的前提下)应将北

部市场的价格定得高些。市场价格弹性小，说明北部市场的消费者不是很在意价格，也就是价格对销售量(市场需求量)的影响相对较小；营销活动影响大，说明北部市场消费者看中产品的知名度(品牌、形象)，也就是品牌对销售量的影响相对较大，要重视广告投入的作用；研发活动影响大，说明消费者重视产品的质量或品质，要想产品卖出高的价格则应该多投入研发费用。

(2)设备投资费的公式是设备投资费用＝0.000 000 1×设备投资支出，可是根据这个公式算出来就是不对。我们在决策的时候设备投资为 2 000 000，而我们的设备投资费用却有 400 000，如果按照公式计算的话应该是 2 000 000×0.000 000 1＝0.2 才对。十分不解，请解释！

依据公式，设备投资费用＝0.000 000 1×(设备投资支出)^2，这样才是正确的。

(3)存货转到下期销售，是否会影响销售量？

不会影响销售量，但会产生一定的库存费用，库存下期可继续销售。

(4)原材料利用的时间问题是？

原材料当期买，下期才能用。

(5)借款利用的时间问题是？

借款当期借，当期就能用。

(6)设备投资、设备维护费用、研发费用如何与产能、产量联系上？

系统规则明确说明，每投资 20 美元设备可增加一个单位的产能。增加维修费用，可提高生产效率、降低材料损耗、提高材料转换系数，在产能充足且原材料数量相等的情况下，材料转换系数高的公司可以生产更多的产品。研发费用投入可改变生产工艺、提高生产效率、影响产品品质，品质好的产品，销售价格可相对提高，改进生产工艺可相对提高材料转换系数，节省原材料消耗。

(7)当决策送出之后我还能够反悔吗？

原则上当决策送出之后是不能反悔的，不过在该期还没有结算之前，主持人有能力将你的决策值退回，让你重送。

(8)相同市场的市场占有率与定价和行销费用的关系是怎样的？是否相对于其他竞争对手的定价和行销费用来定？是怎样的关系？

这是一个综合的关系，在不考虑其他竞争对手的前提下，定价低、行销费用高投入，当然有竞争优势，销售量会增加，市场占有率也会提高。但是，通常还要看其他竞争对手的定价和行销费用，还要考虑自身的成本，企业不能一直做亏本的买卖。

(9)存货是否能够转运？如何转运？

BOSS3 可转运，BOSS4 不能转运，只能在当前市场上销售。

(10)行销费用对销量的影响如何？

有影响，但是是相对的，如果 A 公司在某市场投入 20 万美元，A 公司已经觉得很高，但是 B 公司投入了 30 万美元，则 A 公司的影响相对就小了，所以说行销费用的影响是相对的。

(11)为何本公司无法发放股利？

没有办法发股利可能是因为负债过多，没有达到发股利的标准，业主权益超过 650

万美元才有资格发放股利。

(12)物价指数会不会影响销量，怎样影响？特殊定价(如0.99、1.99之类)会不会影响销量？

物价指数主要影响成本，可不考虑影响销量问题。如果在其他条件都相同的情况下，特殊定价(如0.99、1.99之类)相对比其他公司低，那么也会增加销售量。

(13)存货不能在各个市场之间流通，会带来哪些问题？

存货不影响销量，但会带来一定的库存费用，这从损益表中和绩效评估表中可看出，存货和同期的产品一样卖，因此卖不卖得掉产品在于这期的营销策略是否得当，所以市场预测很重要。

(14)市场潜能核算方式不是很科学。例如，在中部市场我们的营销投入很少，前期市场潜能是40万，这期却到了120万，而我们的定价、营销投入全都没有变，变化原因很难明白？

这种情况下要依据其他竞争对手的定价和行销费用来考虑，可能它们提价了或减少行销费用了，还有就是要考虑当前的经济成长指数和季节指数。

(15)产品生命周期是指什么？

产品生命周期影响个别市场，共计有高成长、中成长及低成长三种状态。产品会经历初生、成长、成熟、衰退及死亡几个阶段。

通常以0为起点，经由市场的开发，产品生命周期的累计值逐渐升高，到达2时显示市场成熟，总市场潜量趋近于饱和。之后市场潜能将开始衰退，各期的销售数量也将会逐渐递减。可以在不同市场分别设定高、中、低三种不同生命周期的成长指数。

(16)贷款问题：利率是什么？如何偿还？

利率是指导老师在产生竞赛时设置的，可以查看"竞赛背景"得到，贷款可以还款，在决策内容里有。

(17)为什么在有紧急采购费的情况下还有原材料剩余？

紧急采购是指本期采购的原材料先拿来用，但是每一单位处罚1.5美元，我们在业务状况报表里看到，原材料数＝上期的原材料库存量＋本期采购原材料数－实际生产耗用的原材料数，所以会出现原材料剩余。

(18)我破产了还可以继续操作来看别家公司的竞赛吗？

破产之后就只能进入系统作回顾的动作，不能再看到其他公司继续进行的竞赛了。

(19)只要不超过负债权益比，是否可以无止尽境地借钱，在现实生活中是否也是如此，这样看来钱借越多是不是就变得越有利？

在竞赛中只要不破产，在资金的运用上是没有什么限制的。不过钱借越多并不会让业主权益越多，倒是每期所产生的利息会越多，除非是策略上的考虑，否则并不会越有利。相反所承受的财务杠杆会越大，破产的机会也大大提升。

第十二章

Top-Boss 运营策略

第一节 Top-Boss 决策依据

（1）熟读 BOSS 操作规则、公式和常见问题说明（详见第九、十二、十三章内容）。

（2）了解环境背景（竞赛主持人设定），对宏观背景资料大体了解，对微观背景资料要细致分析，在系统的学生端点击"经营决策"→"了解竞赛背景"，主要背景资料如图 12-1 和图 12-2 所示。

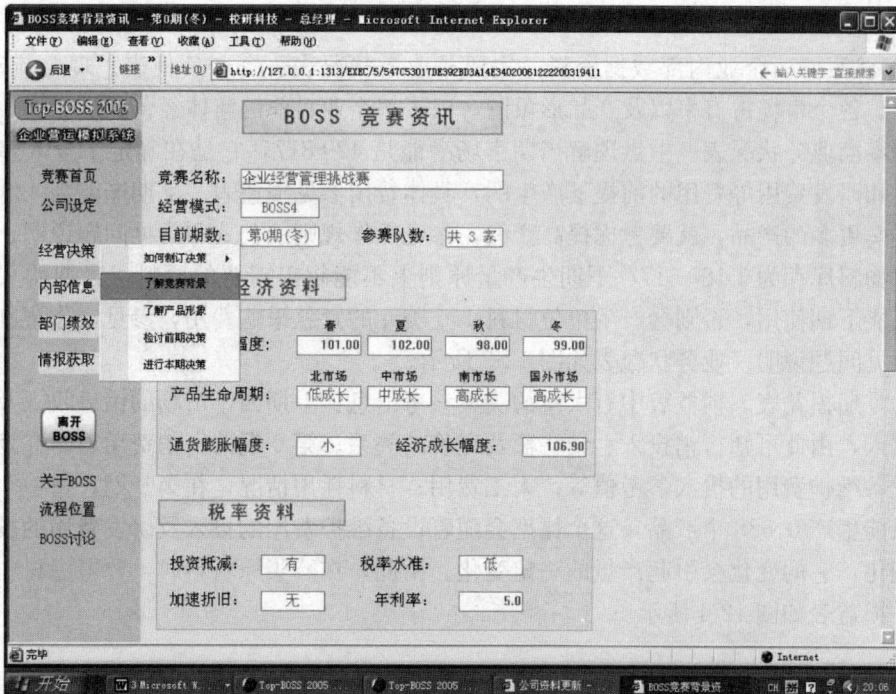

图 12-1 BOSS 竞赛背景 1

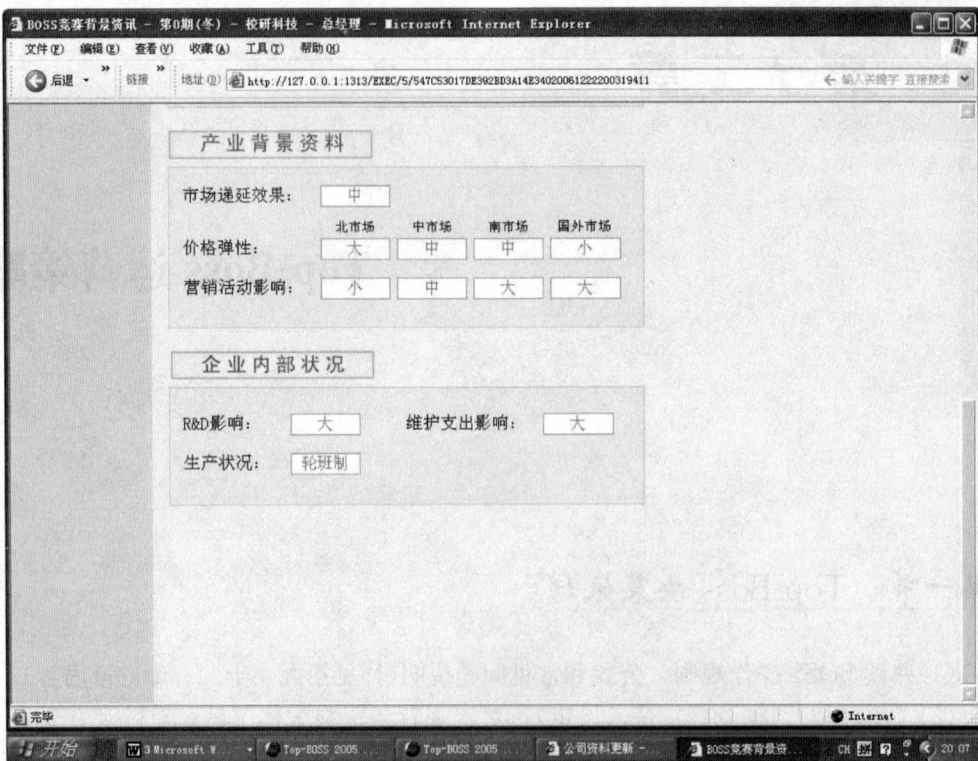

图 12-2　BOSS 竞赛背景 2

（3）认真阅读企业内部数据资料，主要是业务状况表、资产负债表、现金流动表、损益表、各个市场占有率以及产品形象图，以了解企业目前的整体经营状况。

①零期业务状况表。重点理解当期市场潜能是 429 817，它是在确定了投入多少行销费用和研发费用等费用的前提下产生的，具体费用参见损益表。下期产能为 429 317，如果要卖更多的产品，就要考虑提高产能，参见操作规则、公式和常见问题说明。

原物料库存为 1 180 617，下期生产量原则上不能超出需要的原料，当期购买的原材料只能下期使用，否则会产生单位材料 1.5 美元的紧急采购费用，参见操作规则、公式和常见问题说明。业务状况表如图 12-3 所示。

②零期损益表。损益表中有大量的决策参考信息：上期四个市场的销售收入及总的销售收入，由此可知行销投入、销售额及定价的关系；第 0 期的行销费用、研究发展费用、设备维护费用的投入参考值等；人工费用；材料耗用情况，在第 0 期，每一个单位材料只能生产 0.688 个产品，这个比率会随着设备维护费用的投入及研发费用的投入变化而变化，它的变化会引起产量的一定变化。由此，在购买原材料时，要考虑材料转换系数。损益表如图 12-4 所示。

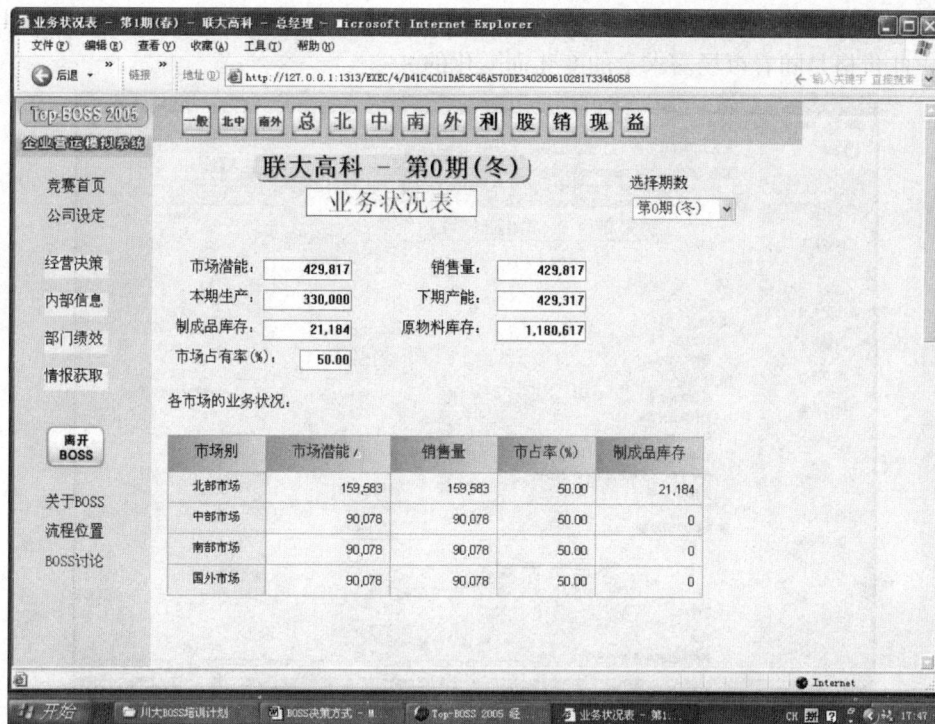

图 12-3 业务状况表

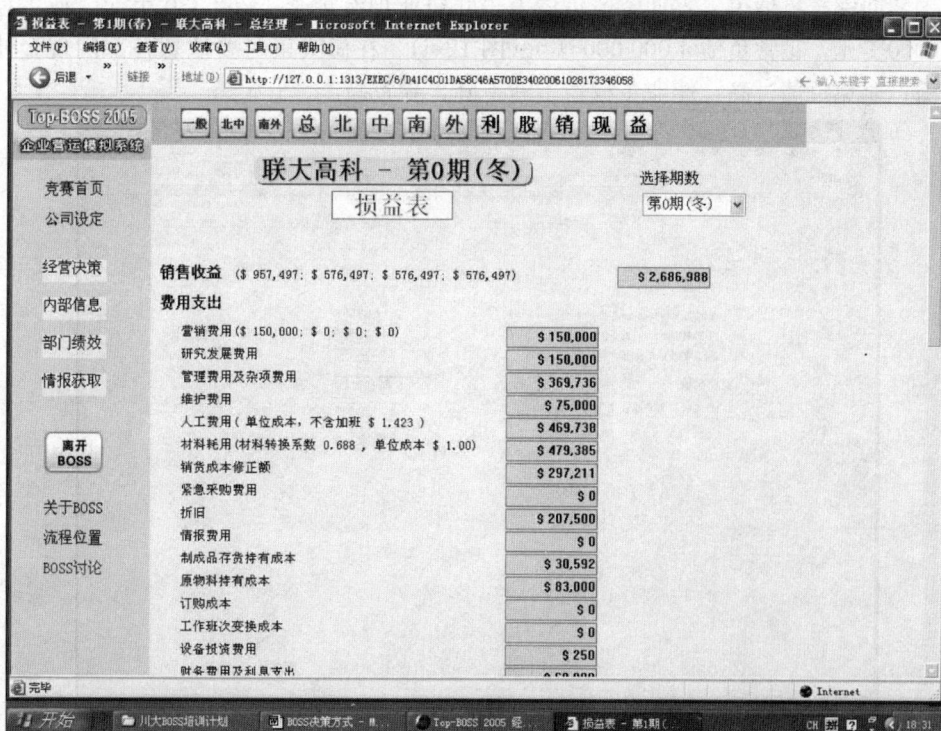

图 12-4 损益表

③零期现金流动表，如图 12-5 所示。现金流动表中的下期原材料市场价格为 1.15 美元，此价格是随着市场需求量的变化而变化的。

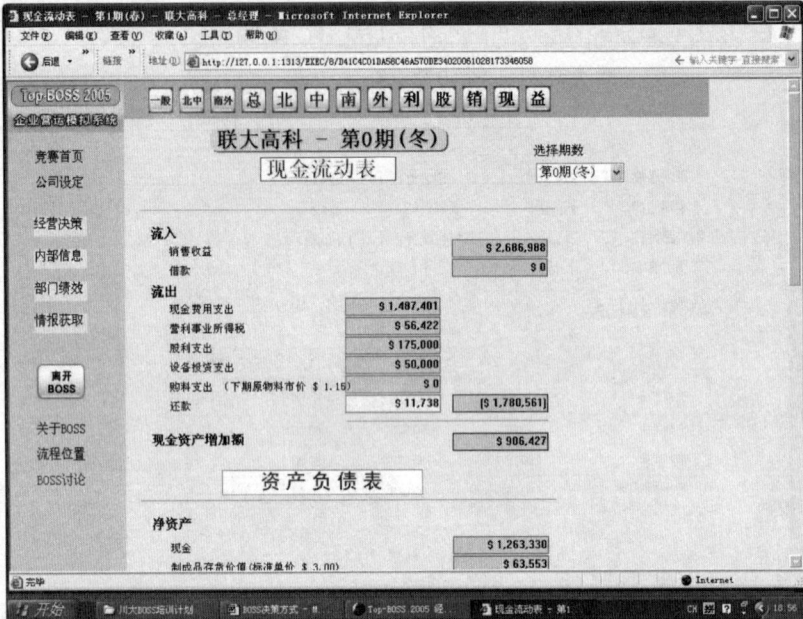

图 12-5　现金流动表

④零期资产负债。零期资产负债表告知企业现有现金 1 263 330 美元，业主权益 7 100 000美元，正常负债 4 000 000 美元(图 12-6)。在做决策时要注意各部门现金使用的平衡，避免负债过高，使业主权益不断下降，导致破产。

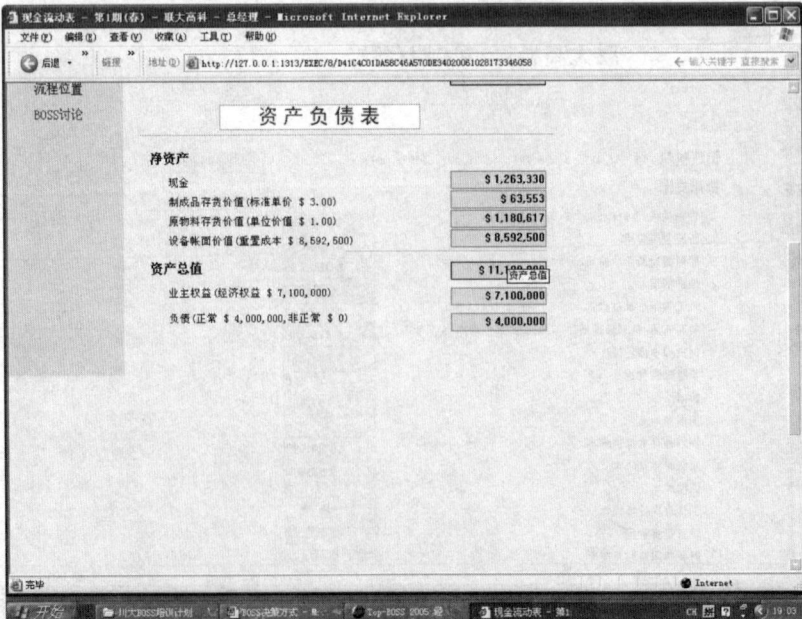

图 12-6　资产负债表

(4)对竞争对手的产量、各市场销量、价格、市场占有率、企业发展战略和行销策略进行细致深入的分析，尽量发挥自身的优势，找出本企业的市场突破口。

第二节 Top-Boss 决策建议与提示

(1)产品价格：3.00~9.00美元。

(2)行销费用：直接影响接单数量，有递延效果，也有累积门槛的效果。

(3)仓储分配额：总生产量在不同市场的分配数(不含制成品存货)。

(4)研究发展费用：影响产品质量与市场潜能，有累积门槛效果。

(5)维护费用：影响材料耗用额(材料转换系数)。

(6)设备投资预算：影响产能，并影响当期的设备投资费用。设备投资费用是指设备所需的保险、运费及相关费用，计算公式为 $0.000\,000\,1 \times (设备投资支出)^2$。

(7)购入物料数量：假定购料于期末送达，并供下期使用。

购料支出：当期购料金额及紧急采购费用的总额。原物料单位市价通常会在0.75~2.00美元，视整个产业对原物料需求的情况而定。

紧急采购：当上期结存的原物料存货数量不敷仓储分配额预定的使用额时，系统程序会自动设定紧急采购，其采购数量将由本期购料中拨出。

紧急采购费用计算：购料数量×\$1.50(并入购料支出项下)。

(8)股利支出。正常情形下，实际的股利支出与决策值相同。当业主权益小于6 500 000美元(BOSS3 为 10 000 000 美元)时，系统程序会自动停止发放股利，以免产生资本退回(清算股利)的现象。

(9)借、还款。假定借、还款均于期初发生。还款是以上一期期末现金为限，超过负债总额时，程序会自动调整减少，借款则依原始决策值与系统程序计算结果而定。系统程序完成还款之后，再依序计算现金流出与流入，如果发现出现现金赤字，则会自动产生借款行为(非正常负债)，但非正常负债的利息较高。

第十三章

Top-Boss 运营分析

第一节　经营成果分析

Top-Boss 的竞赛期数一般为八期，经过八个季度的运营，比较企业 NPV 的大小来判断企业运营的好坏。NPV 表述的是企业累计经营的状况，合理地描述了企业净资产的增加情况。从 NPV 的计算中我们可以发现，NPV 等于期末业主权益折现加每个季度发放的股利折现然后再减去期初业主权益，在不考虑发放股利的情况下，每期企业的业主权益增加得越多，企业在最后的排名中就越有优势。税后净利润是增加企业业主权益的唯一途径，从单个季度的运作来看，企业将极力追求更高的税后净利润。

1. 单个季度的企业经营成果

经过一个季度的运作之后，当教师端跳转到下一个季度时，我们将会看到上一个季度企业的经营成果。图 13-1 是第 1 季度 10 家企业经营的成果情况，在竞赛企业经营成果表中我们可以看到企业的税后净利润、业主权益、发放股利、销量以及销售收入这几项指标。其中，税后净利润是各企业第一季度的利润情况，业主权益是企业第一季度末的业主权益，第一季度的税后净利润加第一季度末的业主权益等于期初的业主权益，企业期初的业主权益为 710 万美元。

我们从图 13-1 中可以看到，第 1 季度 10 家企业的税后净利润都是负的，没有一家企业出现盈利的情况。单纯从表格上看，第 56 组喆利股份有限公司税后净利润相对最高，是否就说明 56 组表现最好呢？答案肯定是否定的。企业单个季度的目标是税后净利润最高，但从企业的长期发展来看，从比赛的最终胜负来看，单个季度的排名没有那么重要，第一个季度表现好的企业未必能够在后边的季度继续表现好。因为企业要发展，第一季度企业一定要投入大量的资金到研发、生产和销售上，同时第一季度企业的销量有限，销售收益不会太高，这样收益必然不能弥补费用支出，企业的税后净利润一定是负的。

从企业的长期发展和比赛的最后胜负来看，第 56 组并不具有多大的优势。第一季

竞赛期数：　第1期(春)

竞赛企业经营成果

项次	公司名称	税後净利 ▽	业主权益	发放股利	销售量	销售收入
1	56喆利股份有限公司	- $ 1,484,892	$ 5,614,948	$ 0	891,184	$ 5,364,986
2	**60瑞尔**	- $ 1,527,038	$ 5,573,027	$ 0	891,184	$ 5,494,104
3	55臻泰有限公司	- $ 1,656,799	$ 5,443,406	$ 0	891,184	$ 5,205,104
4	54奥罗拉有限公司	- $ 1,745,424	$ 5,354,643	$ 0	869,066	$ 5,301,209
5	59海泰股份有限公司	- $ 1,811,441	$ 5,288,415	$ 0	809,752	$ 4,777,537
6	52新睿	- $ 1,821,502	$ 5,278,354	$ 0	819,614	$ 5,027,684
7	53维德股份有限责任公司	- $ 1,894,340	$ 5,205,516	$ 0	891,184	$ 5,297,104
8	57大德股份有限公司	- $ 1,999,405	$ 5,100,800	$ 0	882,827	$ 5,315,245
9	58RB有限责任公司	- $ 2,036,596	$ 5,063,260	$ 0	891,184	$ 5,507,986
10	51ACE有限公司	- $ 2,711,545	$ 4,388,259	$ 0	1,176,782	$ 7,113,117

图 13-1　经营成果表

度税后净利润降得少说明企业第一季度投入得少，企业第一季度投入得不足可能导致未来企业的发展动力不足。就竞赛的一般规律来看，第一季度业税后净利润在－180 万～－220 万美元的企业后期发展会更有潜力。

2. 企业经营成果的比较

每个季度的企业经营成果所呈现出来的特点各不相同。第 1、2 季度企业的税后净利润一般为负，当然也存在少数情况下偶尔有一两家企业第 2 季度的税后净利润是正的。从第 3 季度开始企业的税后净利润转变为正，如果某家企业税后净利在 3 季度后还出现负的情况，则说明这一季度这家企业的经营决策肯定存在严重的失误，或者是前期的决策存在错误导致企业无法正常运行下去。如果企业的银行借款合理，从第 4 季度开始企业将出现现金存余，此时企业可以考虑还款或者发放股利，当然发放股利的前提是企业的业主权益超过 650 万美元。

3. 期末结算成果分析

经过 8 个季度的模拟运行后，对 10 家企业的经营成果进行期末结算，计算一下各家企业的 NPV 情况，并根据企业的 NPV 高低对企业经营的成果进行排序。在期末结算表中将涉及 NPV、期末业主权益、发放股利的总额、平均行销费用、平均研发费用、平均维护费用、平均销量和平均销售收益等指标。图 13-2 描述了一个比赛为 7 个季度的经营成绩排行榜情况。

如果本次比赛竞争比较激烈，并且每个小组在经营运作中没有太大的错误，8 季度最后的 NPV 在 700 万美元左右就可以居于首位了。在不考虑贴现率的情况下，期末业主权益与发放股利的总和最高的将是表现最好的小组。股利发放是有优势的，当出现两家企业 8 个季度的税后净利润之和相等时，发放股利的企业比不发放股利的企业排名将靠前一些。

经营成绩排行榜：

名次	公司名称	NPV/	平均净利	业主权益	总股利	平均行销费用	平均研发费用	平均维护费用	平均销售量
1	A06AIG	4,819,978	735,833	10,351,385	1,900,000	1,518,571	950,000	159,286	1,858,383
2	A25易贸公司	4,779,872	729,647	9,208,174	3,000,000	2,057,143	921,429	155,714	1,962,601
3	B02七逆股份	4,184,291	640,474	7,643,138	3,940,000	1,721,429	1,040,000	60,000	1,716,090
4	A59海泰股份有限公司	4,030,658	616,067	9,412,643	2,000,000	1,604,286	771,429	164,286	1,885,946
5	B22JOKER	3,585,852	549,534	8,446,449	2,500,000	1,927,143	885,714	157,143	1,878,300
6	B53维德股份有限公司	3,212,439	494,817	8,064,374	2,500,000	1,871,429	842,857	200,000	1,741,308
7	A09皓月佳美	2,657,368	411,370	7,479,962	2,500,000	2,185,715	885,714	114,286	1,677,611
8	B07恒运有限公司	2,032,145	317,341	7,321,269	2,000,000	1,814,286	897,143	107,143	1,605,807
9	B30宇宙最强	1,043,928	158,890	7,312,479	900,000	2,178,571	714,286	178,571	1,910,474
10	A60瑞尔	635,397	101,423	7,250,396	560,000	1,884,286	800,000	142,857	1,559,381

图 13-2　经营成绩排行榜

平均行销费用一般在 160 万～220 万美元，企业参与的市场数量越多，企业的行销费用相对越高一些。平均研发费用在 80 美万元左右就可以，当然也存在企业采取重视研发的策略，每个季度都投入 120 万美元左右进行研发，这样企业在研发上的优势将非常明显。平均维护费用在 20 万美元左右将比较合理，在投入的研发和维护费用的影响下，企业的原材料转换系数维持在 0.74～0.75 就比较合理。

第二节　原材料采购分析

1. 原材料价格的变化

在 Top-Boss 中，采购部门仅涉及一项决策，那就是原材料的采购数量。采购部门在进行原材料采购计划制订的时候，不仅要考虑企业各季度的需求情况，同时还要考虑原材料市场的供给规律。在我们的软件中，原材料的到货周期为 1 个季度，第 1 季度采购的原材料到第 2 季度才能到货，也就只能在第 2 季度以及以后的季度使用。如果企业当期采购的原材料当期使用的话，每单位原材料将支付 1.5 美元的紧急采购费用，将大幅度地增加企业的经营成本。

在原材料供给市场上，原材料的价格是随供需的变化而变动的。当出现供不应求的时候原材料的价格一定会上涨，当出现供过于求的时候价格一定会下降。起初企业的原材料库存是 118 万左右，第 1 季度的生产企业将用完所有的原材料，这样所有的企业都将会在第 1 季度购买大量的原材料以备接下来几个季度企业生产所用。这样，由于 10 家企业在第 1 季度都购买大量的原材料，所以原材料市场将出现供不应求的情况，第 2 季度的原材料价格将上涨，有时候会上涨到价格的峰值 2.5 美元，如图 13-3 所示，这样企业再在第 2 季度进行原材料采购将要承担一个高昂的原材料价格。如果所有的企业在当期都不进行原材料采购的话，原材料市场将出现供过于求的情况，原材料的价格将下降，有时候会下降到 0.8 美元以下，此时再进行原材料采购，企业控制原材料成本将比较有优势。

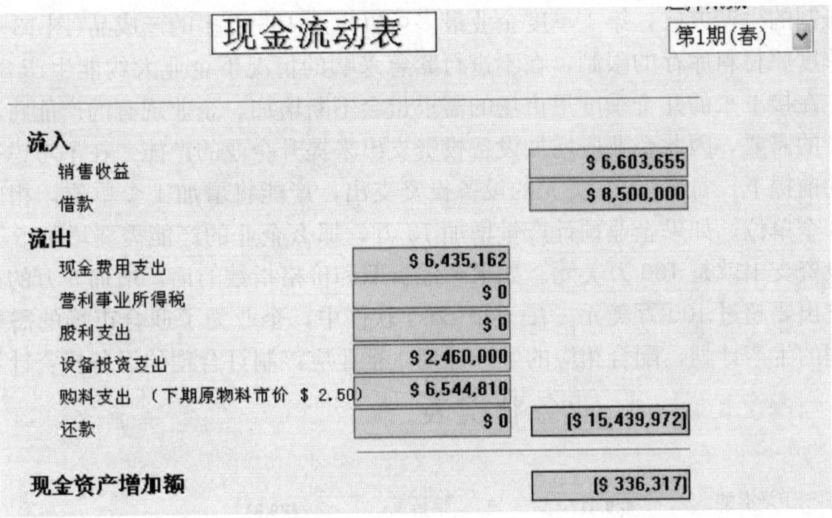

图 13-3　原材料价格出现峰值

2. 原材料采购的一般规律

根据原材料价格波动的情况我们很容易发现，从第 1 季度开始如果 10 家企业在第 1 季度都购买大量的原材料，第 2 季度原材料的价格必然上涨。如果第 2 季度企业因为原材料价格过高都不进行原材料采购的话，第 3 季度的原材料价格必然下降，这样企业就可以在第 3 季度进行原材料采购了，以此类推第 4、6 季度原材料的价格依旧是高的，第 5、7 季度原材料的价格是低的。原材料的采购季为奇数季度，也就是第 1、3、5、7 季度。原材料的采购数量为第 1 季度采购第 2、3 季度使用的，第 3 季度采购第 4、5 季度使用的，第 5 季度采购第 6、7 季度使用的，第 7 季度采购第 8 季度使用的就可以了。当然，每一季度原材料需求数量的多少要根据企业的生产计划去制定，只有采取这样的原材料采购策略才能够有效地控制企业的原材料成本。

以企业的第 1 季度为例，企业的原材料库存为 118 万，不考虑紧急采购的情况下第 1 季度可以生产的产品数量大约为 87 万多（假设第 1 季度原材料的转换系数为 0.74，第 0 季度原材料转换系数虽然为 0.688，但是伴随着第 1 季度研发和维护费用的投入，第 1 季度的原材料转换系数可以达到 0.74）。第 2 季度市场对单个企业产品的需求量将能够达到 150 万左右，第 3 季度可能达到 180 万左右，这样企业为了满足这一市场需求，两个季度一共要生产 330 万的产成品，在原材料转换系数是 0.74 的前提下需要的原材料数量是 446 万左右，因此在第 1 季度企业购买 450 万的原材料就能够满足接下来两个季度的生产需要。如果考虑紧急采购的情况，那么采购的数量将相应增加。

第三节　生产分析

1. 企业产能

在企业第 0 季度的业务状况表里我们能够看到，第 1 季度企业的产能为 429 317，采用轮班制的生产方式，第 1 季度企业最多可以生产 128 万多的产成品(图 13-4)。但是受第 1 季度原材料库存的限制，在不进行紧急采购的情况下企业大约能生产 87 万多的产成品。在接下来的几个季度里市场的需求量会不断增加，企业现有的产能将不能满足企业生产的需要，因此企业应增加设备投资支出来提升企业的产能。在不考虑折旧和物价指数的前提下，每增加 20 美元的设备投资支出，产能将增加 1 个单位，相应的产量要增加 3 个单位。如果企业预计产量增加 15 万，那么企业的产能需要增加 5 万，相应的设备投资支出就是 100 万美元。如果考虑折旧和价格指数的话，增加 5 万的产能，设备投资支出要超过 100 万美元。在 Top-Boss 软件中，企业为了迎合市场的需要，应该制订合理的生产计划，配合相应的生产计划，企业应该制订合理的设备投资计划。

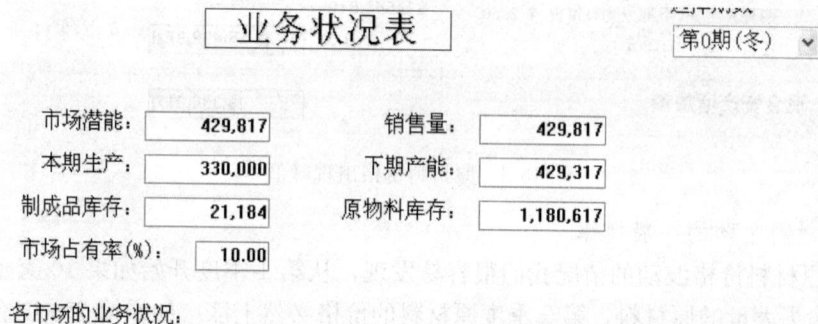

业务状况表

第0期(冬)

市场潜能:	429,817	销售量:	429,817
本期生产:	330,000	下期产能:	429,317
制成品库存:	21,184	原物料库存:	1,180,617
市场占有率(%):	10.00		

各市场的业务状况:

市场别	市场潜能	销售量	市占率(%)	制成品库存
北部市场	159,583	159,583	10.00	21,184
中部市场	90,078	90,078	10.00	0
南部市场	90,078	90,078	10.00	0
国外市场	90,078	90,078	10.00	0

图 13-4 企业初期的产能情况

2. 设备投资的规律

在 Top-Boss 软件中，要特别注重企业产供销的均衡，企业不能进行盲目投资。第 1 季度的设备投资量要为以后季度的运作打好基础，一般情况下企业第 2 季度可以销售 150 万左右的产成品，第 3 季度可以销售 180 万左右的产成品。如果不考虑企业第 2 季度的销量情况(第 2 季度一般会出现销量小于 150 万的情况)，假设企业第 1 季度的产能是 40 万，在不考虑折旧和物价指数的前提下，怎样合理地组织投资才能保证第 3 季度企业的产能达到 180 万？这是一个约束条件下求极值的问题，产量从 120 万到 180 万，产能要从 40 万增加到 60 万，总的设备投资支出为 400 万美元，考虑前边设备投资支出费用的计算公式，400 万美元的设备投资，设备投资支出费用是 160 万美元，显然一次性投入 400 万美元是不经济的，合理的办法是第 1 季度投入 200 万美元，第 2 季度再投入 200 万美元，这样总的投资支出费用才 80 万美元。从这个例子中我们发现，设备投资支出是一个循序渐进的过程，不宜一次投入过多。在 8 个季度的运作过程中，如果考虑折旧和物价指数，第1、2季度的设备投资支出在 200 万美元左右就可以了，后边几个季度的设备投资支出要根据企业的运作情况而定。当企业的产能达到 80 万的时候，企业应该考虑停止进行设备投资了。因为在一个相对竞争激烈的市场中，单个企业单个季度销售 240 万左右的货物已经非常多了，未来市场可能就要处于衰退期了，再继续增加企业产能极有可能导致资源浪费。

当然，在企业运作过程中也存在一些特殊情况，例如，竞争对手运作不善出现破产，这时候企业就应该考虑多投入点固定设备以增加企业的产能。如果自身企业运作不善，或者选取了竞争过于激烈的市场，存在产成品库存，企业应考虑暂时减少固定设备投资。

3. 产成品库存管理

在 Top-Boss 规则中，产成品库存将产生大量的费用，库存的持有成本为每单位 0.5 美元，企业应尽量避免产成品库存的产生。避免产成品库存产生的方法是合理地增加企业的潜能，同时控制企业的仓储分配额，让企业的市场潜能高出仓储分配额一点是最合理的。但是在企业运作过程中很难做到这一点，企业未来的发展是不可预期的，企业科学合理的计划可能在竞争对手的极端策略下失效。在每一个季度的运作过程中都有可能产生库存，一旦库存产生了企业要在分析库存产生原因的基础上采取相应的解决办法，避免库存的进一步增加。例如，图 13-5 中企业在第 5 季度南部市场产生了一定的库存，那么第 6 期的策略就是降低南部市场的价格并减少南部市场产品的投放量(图 13-6)。

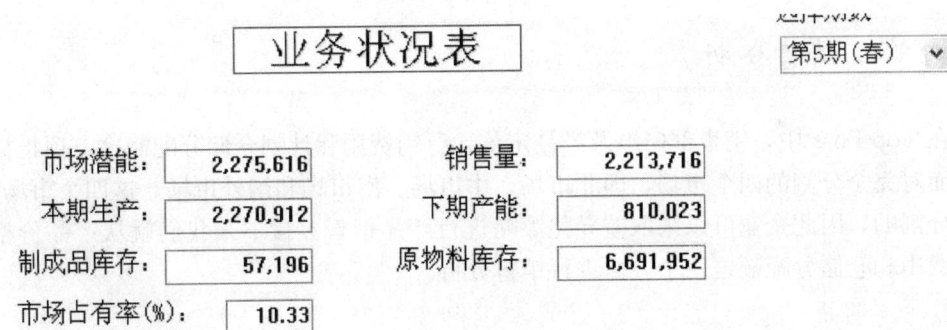

业务状况表

第5期(春)

市场潜能：	2,275,616	销售量：	2,213,716
本期生产：	2,270,912	下期产能：	810,023
制成品库存：	57,196	原物料库存：	6,691,952
市场占有率(%)：	10.33		

各市场的业务状况：

市场别	市场潜能	销售量	市占率(%)	制成品库存
北部市场	1,428,607	1,399,999	27.46	0
中部市场	32,455	0	0.00	0
南部市场	813,717	813,717	15.15	57,196
国外市场	837	0	0.00	0

图 13-5　企业经营过程中的形成品库存情况

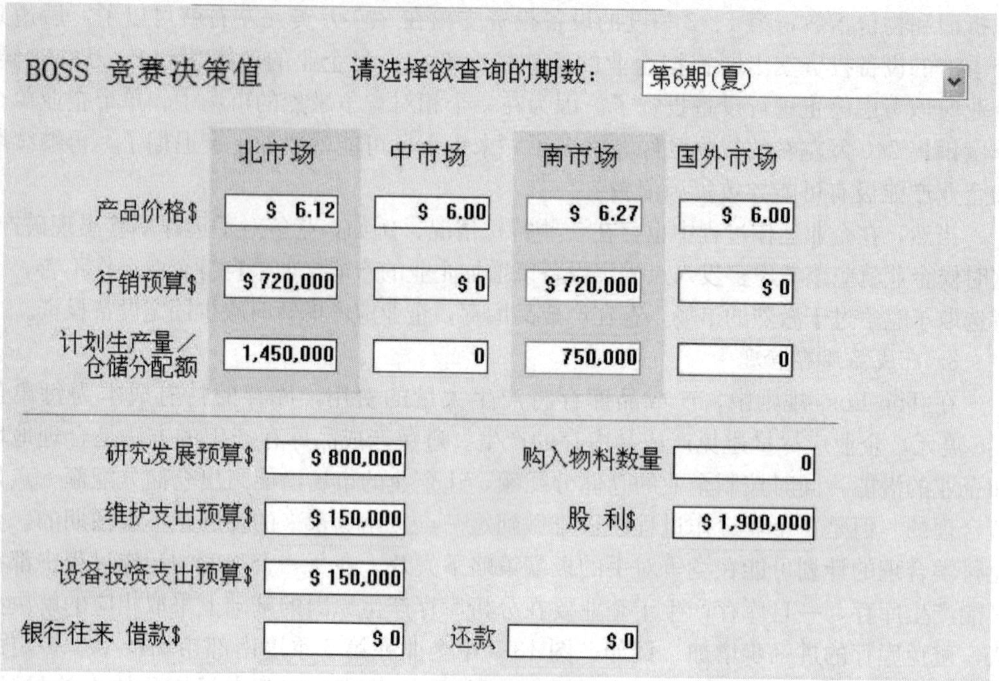

图 13-6   决策调整

第四节　销售分析

在 Top-Boss 中，销售部门涉及产品定价、行销费用和计划仓储分配额这三项指标。企业面对完全分割的四个市场，即北市场、中市场、南市场和国外市场。这四个市场是完全分割的，因此企业可以采取差异化策略进行产品销售。接下来我们就从产品价格、行销费用和仓储分配额这三个方面进行销售分析。

1. 产品价格

价格是市场营销的一项重要内容，在我们的软件中定价的区间在 3.0～9.0 美元。3.0 美元是一个最低的价格，在这个价格下企业无法满足生产经营的成本，生产还不如不生产合适。9.0 美元是个超过消费者预期的价格，在这个价格下企业的产品将无人问津。因为企业的总部是设在北部市场的，产成品到达中部、南部和国外市场要分别承担 0.1 美元、0.2 美元和 0.8 美元的运费。结合企业运行的成本，以及各个市场运费的情况，四个市场的参考价分别是北部市场 6.1 美元、中部市场 6.2 美元、南部市场 6.3 美元、国外市场 6.9 美元。

企业在参与市场竞争时，要根据竞赛背景、企业的发展战略以及竞争对手的情况采取合理的价格策略。一般情况下，在第 1、2 季度抢占市场份额的时候应制定一个相对比较低的价格，比参考价低 0.3 美元左右就可以了，但抢占市场份额的价格也不易过低，低于参考价 0.5 美元以上是非常不合理的，除非企业采用极端策略。随着第 3、4 季度整个市场需求量的增加，产品的价格可以慢慢提高，一般情况下也不要超过参考价

0.5 美元以上。当然，整个市场的价格还受生产者预期的影响，如果所有的企业都预期接下来市场份额会增加，那么所有的企业都会相应提价，整个市场产品的价格就会提升；如果所有的生产者预期下一季度市场份额会减少，那么所有的企业都会相应降价，整个市场产品的价格就会下降。

在竞赛过程中还要杜绝制定极低价格争夺市场潜能的情况，如果某一企业在某个市场不进行产品销售，那么这家企业在这个市场的定价就不宜过低，要定在 6.0 美元以上。如果企业在不进行产品销售的市场上定低价，这必将影响其他竞争对手在这个市场上的产品销售情况，这一行为是不道德的，也是比赛规则所不允许的。

2. 行销费用

行销预算与研究发展预算是 Top-Boss 中两项重要的费用支出，行销费用影响的是产品形象的高低，研究发展费用影响的是产品品质的好坏。产品/品质形象图(图 13-7)能反映出各家企业两项费用投入的高低情况。单个市场行销预算投入得越多，企业的产品形象越好，在其他指标相同的情况下企业的销量会越高。行销费用是有累加和递延效果的，本期行销费用的投入不仅对本期销售情况有影响，同时还对企业后期的销售有着间接影响。

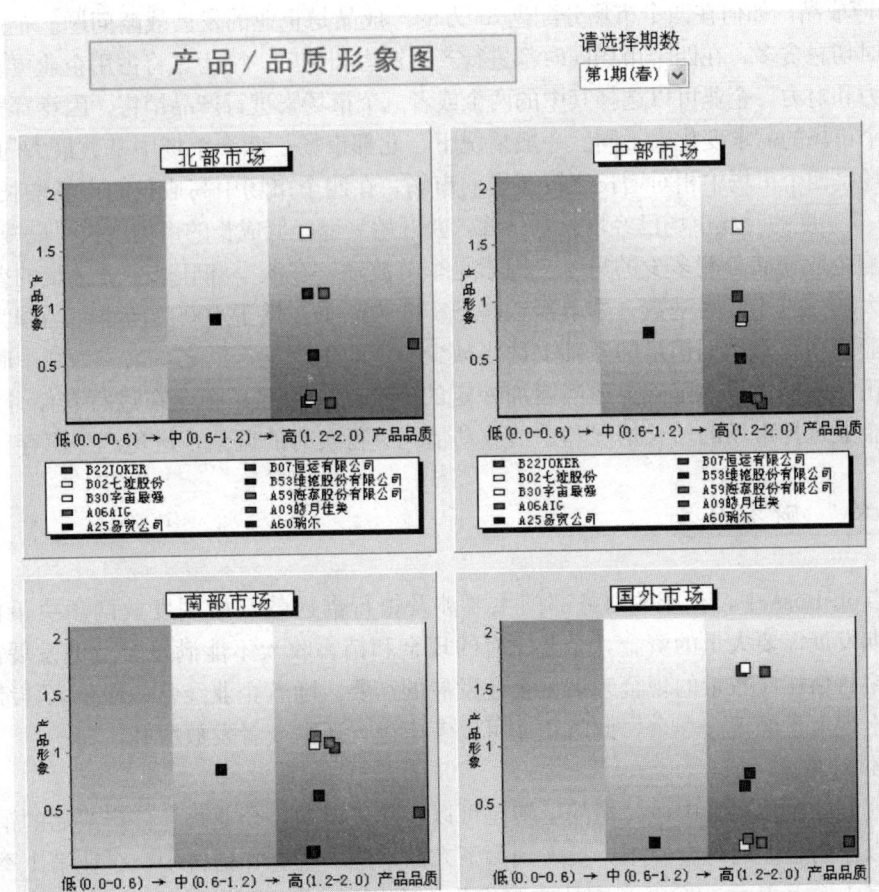

图 13-7　产品/品质形象图

目前，我们使用的 Top-Boss 版本中，产品的品质形象图是存在一定问题的。从

图 13-7 中我们看到，企业的产品形象和产品品质的最高值是 2.0，当行销费用投入量累计超过 200 万美元时产品形象将处于最高值 2.0，行销费用的继续投入在产品/品质形象图中将没有显示，但是企业此时应按照企业发展规划继续进行广告宣传。企业研发费用的投入同样存在这一问题，因此企业在分析产品/品质形象图时应特别注意这一点。

行销费用的投入也遵循第 1、2 季度相对多，第 3、4 季度开始相对减少的规律。一般在第 1 季度如果要在一个市场销售 50 万左右的产品，定价低于参考价的情况下，行销费用也要高达 100 万美元左右，基本上是销量与行销费用 1：2 配比。当进入第 3、4 季度时，整个市场的需求量增加，企业单个市场的市场占有率达到 20% 以上，销售 100 万以上的产品，企业的行销费用在低于 100 万美元的情况下也可能实现，此时的配比大约为 1：1。因此，企业要根据自己的发展策略以及各个市场的竞争情况及时地调整行销费用的投入量，这样才能够保证在产品销售出去的基础上降低行销费用，使企业获得丰厚的利润。

3. 仓储分配额

仓储分配额是企业预计在某一市场产品的销售量，企业根据预计的销售量来组织生产并进行仓储分配。以第 1 季度为例，企业在不进行紧急采购的前提下，企业大约能生产 87 万的产成品，如何在四个市场分配这 87 万的产成品是企业的发展战略问题。企业在选择市场时切忌贪多，在四个市场同时都进行产品销售和推广，因为这将占用企业更多的人力、物力和财力。企业可以选择其中的两个或者三个市场来进行产品销售。因竞赛背景不同，各个市场的需求变化也不同。一般情况下，北部市场是四个市场中基数最大的市场，国外市场是四个市场中相对增长比较缓慢的市场，在四个市场中高成长的市场增长最快，到第 4、5 季度的时候市场已经增长到顶峰，并开始衰退，低成长的市场增长得最慢。

影响企业仓储分配多少的另一个因素是季节波动，在淡季和旺季企业销量的差距还是非常大的，以 100 为基数，季节指数高于 100 为旺季，低于 100 为淡季。当季为淡季时，企业应在正常预期销量的基础上适当减少一定的生产量；反之，当季为旺季时，企业应在正常预期销量的基础上适当增加一定的生产量。因此，企业在进行仓储分配时，要根据企业选择市场的增长情况和季节波动情况进行实时的调整，避免产生库存。

第五节　财务分析

在 Top-Boss 中，企业的财务部门主要涉及银行借还款和股利发放两项决策内容。企业前期发展需要大量的资金，企业原有的现金和销售收入不能满足企业的发展需要，应该从银行借相应数量的现金来满足企业发展的需要。随着企业经营慢慢步入佳绩，企业可能出现大量的现金存余，此时企业可以考虑进行还款或者发放股利。

1. 银行借款

在我们的模拟运营中，公司的运转是可以边际进行的，企业每一件产成品的销售收入都可以作为企业的现金使用，投入到接下来的采购、生产和销售中。企业第 1 季度的现金仅有 126 万美元，87 万产成品的销售收入也不过 530 万美元左右，企业第 1 季度的现金支出远远高于 650 万美元，因此第 1 季度企业要进行大量的银行借款来填补企业的现金缺口，见图 13-8。

图 13-8　资产负债表

在第 2、3 季度企业的现金缺口会小一些，甚至有时不会出现资金短缺的情况，企业可根据实际运作的情况考虑是否继续从银行借钱。4 季度以后企业可以考虑还银行贷款，将负债控制在企业业主权益的 2 倍以内，以减少企业的财务费用支出。当企业的资金链发生断裂时，银行会主动弥补企业的资金缺口，这一部分贷款为非正常负债，非正常负债的利率将高于正常负债，因此企业应尽量避免非正常负债的发生。

2. 股利发放

当企业业主权益超过 650 万美元，同时企业还存在现金存余时，企业可以考虑发放股利。如果企业有大量的现金存余而不发放股利，最后将以期末业主权益的形式贴现，提前发放股利将更加合理。因此，企业有现金存余时应先考虑还款，将企业负债控制在业主权益的 2 倍以下，然后再进行股利发放保证业主权益不再继续贬值，如图 13-9 所示。

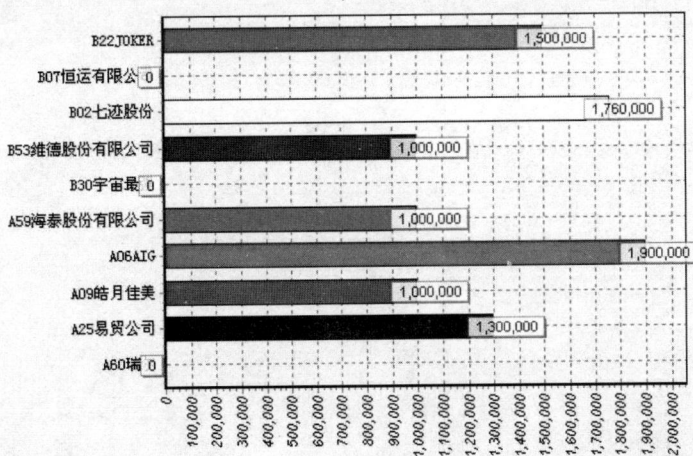

图 13-9　股利支出表

参考文献

陈曾寿，王辛平，岳云康，等 . 2005. 财务管理学 . 北京：清华大学出版社，北京交通大学出版社 .
丁宁，穆志强，闫红，等 . 2005. 企业战略管理 . 北京：清华大学出版社，北京交通大学出版社 .
金占明 . 2004. 战略管理：超竞争环境下的选择(第二版) . 北京：清华大学出版社 .
郎宏文 . 2009. 企业管理学 . 北京：科学出版社 .
齐二石，朱秀文，何桢 . 2006. 生产与运作教程 . 北京：清华大学出版社 .
曲振涛，张莉 . 2011. 公司创建与运营 . 北京：物资出版社 .
张欣瑞，尚会英，刘莉，等 . 2005. 市场营销管理 . 北京：清华大学出版社，北京交通大学出版社 .
张新民，钱爱民 . 2006. 企业财务报表分析 . 北京：清华大学出版社 .